ぐにゃり東京

アンダークラスの漂流地図

平井玄
HIRAI Gen

現代書館

目次

プロローグ

00　怪物になった街

開高さんへ

一九六四年に開高健は『ずばり東京』という連作ルポルタージュを書いた。高度成長に沸き立つ首都の襞(ひだ)深く入り込んで、その狂躁を揉み出すように描いた作品である。傑作と言おう。二度目のオリンピックがどうなろうと、これから東京が壊滅しようと、この文体は残る。これを書いた直後に作家はベトナムへ飛ぶ。そして「べ平連」(ベトナムに平和を！市民連合)を立ち上げる一人になったのである。だが、戦場を潜る彼のペン先は膠(にかわ)のように粘り着き、言葉は重くなるばかりだった。原発導入に走り、ユニクロの残酷工場と化したベトナムの今を予見していたかのように。この「真っ黒な光明」と「輝ける闇」の両方に開高健がいる。

この本を開高さんのそれの続編というほど、私は図々しくない。ただし大阪天王寺生まれで工員の掌(てのひら)のシミを知る作家に親しみを感じているのは確かだ。『ずばり東京』は天王寺っ子が見た、近づくオリンピックに悶える街の狂態である。『ぐにゃり東京』は新宿っ子が日々の生業に流されながら足の裏で感じ取ったその衰頽である。いかに悠々と衰微するか。そこに文明の成熟がある。こんなところに「文明」なんておこがましいものがあるとするなら。

芯になった「ぐにゃり東京」の連載は一〇年から五年前までのものである。「古くなったか」と思ったが、くたばらない資本主義がそれを許してくれない。バブルと破綻の連続こそが新自由主義のエネルギー源だからである。書かれた街の光景が変化しても、その繰り返しがフリーターの珍道中をますます新しくしてくれる。二〇二〇年までに「高度成長の街」は一掃されてピカピカの東京が現れるだろう。ところがその中身は〝ぐにゃり〟としている。そのグニャグニャの沼地に溺れた記録である。放射能を隠した「二度目の茶番」オリンピックの先に何があるかは分からない。言えることはただひとつ。ジャン・ジュネの辛辣な言葉を掲げよう。

「小ぎれいさに眼をつぶってはならない」

豊洲　ドーピングの塔

東京の街は「怪物」になってしまった。
人を殴りつけるバケモノになった。数十階のタワーが道を行く人間をなぎ倒す。そういう腕が地面から何百本と突き出ている。そう感じたことはないだろうか?

二年ぶりに豊洲の巨大広告代理店系列企業にお邪魔した。

湾岸の六月の空には重い雲が広がっている。五〇代のオジさん二人と、四〇代の元湘南ガール、それにハードコアの角を隠したパンク風の四人である。オジさん一人が迷ってホールでやっと集合したとたん、「開始一時間遅れ」のメールが事務所から入った。こんなことは珍しくない。朝から休憩も悪くないよ。隣のタワーで見つけたカフェで四人はまったりとしたのである。

「怪物」だって？

毎朝、ＩＤカードをかざしてこういうタワーに出入りする人たちはそんなことは思わない。空調のようにセキュリティの効いたホールを入り、大きなエレベーターで静かに昇る。幾何学的な世界を方程式のように進むと、自分たちのオフィスである。座り心地のいいイスがそこにある。趣味のいいデスクがある。地球上いたるところに繋がる端末がある。耳慣れたスタッフの声がする。そこにはガラス張りのリラックス・スペースが見えた。メトロポリスの中枢が私どもの仕事場である。ビジネスこそが世界を救う。

――はずだ。福島第一原発の放射能はブロックされている、はずだ。株価は日々上昇してる、はずだ。楢葉町(ならはまち)の除染は進んでいる、はずだ。不景気は終わろうとしている、はずだ。江戸川の川底に堆積している放射能はそれほどでもない、はずだ。この国は衰退などしていない。中国人や韓国人は遅れている。イスラム教徒たちは私たちを憎んでいない、はずだ。スタジアムがどうなろうとオリンピックはうまくいく。だからこのタワーで働く私たちは幸せである。曇り空を突き破って、オスプレイがこのタワーに突っ込んでさえこなければ。

「はずだ」「はずだ」「はずだ」のオンパレードである。

首都の住人たちは「はずだ」のドーピングによって生きているのである。世界一周クルーズからスマホゲームまで、そのための高級ドラッグもチープドラッグも街中で公然と売られている。この広告代理店こそ各種クスリの一大製造元である。それを取り締まる警官はいない。ポリス自身が薬中であり売人なんだから。

意外なことにクスリ話に喰いついたのは元湘南ガールだった。子ども二人のお母さんは「あれはもうダメよ」と微妙なことを言う。パンクスはアルコール求道者である。「そんなドーピング、オレには効かないすよ」。オヤジたちのそれはAmazonの掘り出し物。越谷の白髪長髪はB級ロックの誰も知らない海賊盤とか。赤羽の輝けるスキンヘッドオジさんは時代小説の絶版クラシックスである。つましいもの。クスリはここだけの話、クライアントさまには聞かせられないよね。

この「ドーピングの塔」は必ずへし折れる。

東京は「はずだ」の脆い岩盤の上で踊っているのである。その数十キロ下では巨大なプレートがぶつかり合っている。タワーはいつもユラユラと揺れる。塔の住人たちは不安である。それでも、自分自身が質量となって、はるか下で生きる人間たちを圧し潰していることを知らない。揺れる不安が大鎌の振り子になり人の頭をもぎ取っている。キャリアさえ積み上がれば、そんなことはどうだっていい。金融ドラッグに浸かった人たちはいつだって幸せだ。そんな方々のタイトなスーツが、シェイプアップされた体が、趣味のいい小物たちが、鋭い爪になって地上で蠢く人間たちの喉笛を切り裂いているのに気がつかない。

一時間カフェで潰して仕事場のある棟に入ると、タワーは全身で「はずだ」「はずだ」と呟いている。自分のイスがない非正規たちには、それが聞こえる。「例えばさ、どんなノイズ音楽も子守唄にしてしまう渋谷の交差点でスマホのイヤフォンを外すだろ。椎名林檎の声を消す。すると街の唸り声が鼓膜に滲みるんだな。この街は呻きで満ちてるよ」。

ＬＥＤの白い光で満たされた部屋。前に坐った三〇代パンクスが応える。「リンゴちゃんねえ、あの鼻炎声はもういいわな」。『Maybe, Maybe, Maybe』。この口調、岸和田か、こいつは。

豊洲駅から上がると、人工地盤の街が大昔からあったように映る。二年で鉄板みたいな大通りに木や草が茂り、初夏の陽を反射した人造大理石の壁がくすんでいた。ここは「置いてけ堀」にカッパが出た本所から真っすぐ六キロ南だ。もちろん辺りは江戸湾の入口だった。潮に乗って西に行けば例の「芝浜」のはず。言わずと知れた三遊亭圓朝の噺である。あの人情話が似合う江戸前の浅瀬を埋め立てた土はどうも関東大震災の瓦礫らしい。それも虐殺のあった下町という。すると道の下には韓日混合の喘ぎが埋蔵されているのか。その広い大通りに外車ディーラーのアウディ、ルノーがショールームの軒を並べている。そこを過ぎた先のタワー街の一角である。

ゲストカードをぶら下げてトイレに行くと、ここが何階でどこの部屋かすぐに分からなくなる。トイレから戻ってこれないのである。二階から四五階までまったく左右対称、四角四面の同じレイアウトだからだ。哀れな迷子のために「25南ＡＤ」とかいう記号が振られている。その立体的な回路をオレたちは狂ったハツカネズミとして動くのである。

「この塔の下から小笠原までの地下数百キロで軋むプレートなんか忘れた顔をしてさ」。それができるのも、コンビニの倍近い時給ドーピングのお陰だ。本所のカッパはまんまと魚をかっさらったが、二〇〇年後に豊洲のフリーターがいただくのはその程度のもんである。説教臭い圓朝版「芝浜」はまっぴらでも、タワーの岸辺に財布が落ちてないかな？　路地も人のざわめきもない。カッパも魚屋も頭を殴られて絶滅してしまったのである。

「蹴飛ばされても絶滅しないすよ、オレは」

岸和田パンクスのハードコアがチラッと出た。二五階の通路を行った端で下を覗くと、赤茶けた倉庫の跡地がまだ残されている。ここは真っ先に津波に呑まれる。「はずだ」の墓場なのである。

神宮外苑　サトゥルヌスの陽物

七月初めの朝、早く起きたので新宿駅から南青山まで歩いたことがある。松山バレエ団の前を少し行ったところがその日の仕事場だからである。このところ変わってきたのは、出版系で都心の洒落た場所に近い裏通りの仕事が増えたことだ。そこいらに新しいタワーが伸びてくると、ちょっと外れたところの中古ビルは賃貸料が下がる。すると、女性中心の編集事務所が小ぢんまりとしたオフィスを構えるのである。そのひとつだった。
今日のメンバーは悪くない。とにかく急いでいた。四谷三丁目から外苑西通りを下って、千駄ヶ谷の神宮外苑に差しかかったところである。

とりあえず都心の緑にホッとする。左に見えてきたのは、木々に覆われていた遊歩道がはぎ取られた光景。剝き出しになった関東ローム層の赤茶けた地肌である。眼に痛い。その向こうには、喰い散らかされた国立競技場の残骸。先の明治公園もサンマの開きのようになっている。二〇一五年七月の時点でまだ建設計画は滞ったまま。二〇二〇年には完成する「はずだ」としても、ポストモダニストの婆娑羅なプランは崩れてしまった。何ができるにせよ、もう建てる前から遺骸なのである。このハラッパでオリンピックも悪くない。

これこそ二〇一五年の東京だ。サトゥルヌスの不安の現れである。
霞ケ丘団地の横を通って、ゴヤの描いた「我が子を喰らうサトゥルヌス」を思い出す。そうか、宮廷画家が描き上げたそれには見事な逸物が聳えていたんだな。我が子の頭を喰いちぎり、左腕にかじりつく。自らのペニスを反り立たせる。キラー通りの上に突き出たタワーがみんな巨人の陽物に見えてくる。ラブラドールレトリバーを連れて散歩する女性とすれ違った。花柄の夏服が眩しい。この街ほど「ゆるキャラ」が似合わないところはないと思う。キャラクターを創るとしたら「サトゥルヌス」にしておこう。

「はずだ、はずだ」と叫びながら朝っぱらから巨人が暴れているのである。自分が造った街並を喰らっている。でもその下半身が萎えているのは隠しようがない。「二度目のオリンピック」「二度目の高度成長」と弁解のように繰り返してしまうのは戦(おのの)きの声だ。どう転んでも、へし折れた形でしか実現しない。そんな怪物があられもないヌードになって千駄ヶ谷に横たわっているのである。明るい『黒い絵』だ。朝からいいものを見た。やっぱり歩くのはいいね。青山通りの方へ急ぐ。そこで待っている校正の海外旅行パンフレットもドラッグのひとつなんだが。

歩くのは考えること。考えることは歩くこと。神宮外苑なんて、王を祀る神殿の外庭には違いない。「ティーアガルテン」という大きな公園がベルリン中心部にある。そこがドイツ皇帝の狩猟場だったことをベンヤミンはもちろん知っている。百も承知で、自分の物思いに滋養を与えてくれた「迷宮」としてこの場所を語るわけだ（『ベルリンの幼年時代』）。そこをフラフラと彷徨うことが、早熟なベルリン子に真っすぐな大通りでは体験できない「歓び」を与えてくれるからだ。

ある都市で道が分からないということは大したことではない。しかし、森の中を彷徨い歩くように街の中を歩くには習練がいる。（中略）幼いボクのノートに差し挟まれた吸い取り紙の上の数々の迷宮の図が、最初の痕跡だったボクの夢は、この技術によって叶えられることになる（同書「ティーアガルテン」の項より）。

「吸い取り紙」は地図に重ねられて描き込まれた手製のマップだ。ってことは、ベンヤミンも仕事のないフリーターだったのか。私の「ティーアガルテン」は新宿御苑や神宮外苑じゃない。午後四時で閉めてしまう陛下の「御苑」や監視カメラの杜と化した「外苑」のわけはない。そこを歩くのは飼い馴らされた動物になることだ。野犬になったフリーターをエサで手なずけるのが売人たちの仕事である。オリンピックなんて粗製ドラッグの化石なのにね。あんなもので酔っ払えるのか。オレたちの迷宮は裏通りの曲がりくねった路地である。サトゥルヌスに喰い殺されないために、そこをうろつくのである。

十条台　一〇年後のミニーマウス

三月には、一年ぶりに都心の北にある印刷工場の現場に行った。輪転機が回るすぐ上の階で、刷り出されたものが指定された通りになっているか逐一確認する「内校」という仕事である。機密保持を理由に携帯電話はロッカーに留置される。隣と話もできずに一〇時間近く数百ページも延々とチェックし続ける作業を、仲間たちは「修行」と呼んでいる。つまり私たちは「労働者」ではなく「行者」なんである。

陽の入らない工場の片隅で網膜をすり減らす作業は一年前となんの変わりもなかった。この荒行に耐えるにはかなりの鍛錬がいる。修行だからか実入りはあまりに少ない。出版社系現場の七割ほどで昼抜き、交通費なしは業界の一般常識。一年たって、さらに別の同業者が入っていた。彼らはもっと安いって噂だ。前夜に「**印刷へ」と連絡が来ると誰でも舌を打つ。他になけりゃ心の中で「しょうがないか」と呟くのも、まったく変わりがない。

変わっていたことがある。その朝、九時に滑り込んでさっそく「一一時仕上がり」のゲラにかじりつく。なんとか仕上げ、ホッとして見上げると頭の上の天井からヴィデオカメラが下がっている。ギャグなのか、これは？

そのレンズは真っすぐにオレたち派遣校正者たちが並ぶブースに向いている。あんまり上を見てると、管理者に眼を付けられそうだ。人差し指を上に向けて、一つ先の席にいるチーフ役に目配せしてみた。すると小声で「ちょっと前からだよ」と囁くのである。見回してみると、社員たちの頭の上には何も見当たらないようだった。

昼メシ時に満員になった食堂の片隅で三人の仲間が集まる。

「あのカメラはモニターに繋がってんの？」

「さあね。たぶんダミーじゃないよ。オレたちを監視させられてた個人契約のヤツが辞めたから。その代わりでしょうねえ」と声を潜めて元信金マンのチーフは応えるのである。周りのテーブルでは、社員か派遣かフリーターか見た目には分からない若い女性たちの声が飛び交っている。

「あのチクリ野郎もさすがに嫌だったんだろうな」と吐き捨てる若い新人は、パスタランチとか名前だけは洒落た「補給燃料」にかぶりついた。

かつてはこういう所に来れば、３Ｋ（きつい、汚い、危険）という言葉を思い出したものだ。『ミッキーマウスのプロレタリア宣言』（太田出版）を書いた一〇年前はまだＤＴＰ化の途上だった。あれから印刷工程もずいぶんと変化している。都心の工場跡地を売り、もっと北の二三区の外れにオフィスと見まごうガラス張りの工場ビルを建てる。そういう企業が増えた。女性オペレーターたちがファストファッションで通ってもおかしくない小ギレイな高層ビルである。その中に私たちが行く現場がいくつもある。高速大量のデータ通信が可能になって都心に工場を置く必要がない。経営中枢と営業部門、そして入力工程だけを残して、北関東のずっと奥にデジタル対応の新しい印刷工場を建てた会社が多いからだ。

ここは違う。由緒正しい「近代の産業プロレタリア遺産」である。初めて行った十数年前と変わらないカビ臭さが構内全体を覆っている。食堂だけが改装されていた。東北道サービスエリア内のフードコートみたいになっているのだ。

ところが、ここでメシを喰う人間たちの中身が大きく変わっていた。数年前なら昼メシ時の食堂にはオッサンたちの加齢臭が充満していたものだ。頭頂部がフランシスコ・ザビエル型の長髪を束ねた四〇～六〇代の、それも白髪と茶髪が交じったオヤジたちの群れ！　これも絶景だったが、同じテーブルを若い女性たちが占拠するようになったことである。「ハゲ差別だ」という非難が聞こえる。私も少し近づいたんだからご容赦を。女性たちのファッションも変化した。一〇年前なら青い制服ばかり並んで、なんだか吉永小百合の古い映画を観ているような気持ちになったものだ。今では学生スタイルと区別がつかない。というより大卒女子が普通に工場フリーターになるのである。派遣会社に登録することを「就職」と呼ぶ大卒新人たちも珍しくなくなった。

それだけじゃない。幾人かの契約オペレーターたちと話すと、その振る舞いに敗北感をあまり感じないのである。一見ポップなフリーター。三〇代後半から四〇代に差しかかった「ロスジェネ世代」とは、そこが違うところだろう。彼女たちには「悲哀」めいたものを感じていた。ここでは平常心で健気に働いているように見える。この「産業遺産工場」でさえ、見た目には3Kという形容は似合わないのである。

ということは、この一〇年間で変化したのは「頭上の監視カメラ」が見つめる「普通の女性非正規たち」ということなのか――。

「成熟した格差社会」というフレーズが、搔っ込んだA定食と入れ違いに逆流性食道炎のように這い上がってくる。一〇年間で一割下がったギャラ、毎年上りつめる非婚率にもみんな「平常心」なんだろうか。

天井のレンズにはさすがに何人か反応した。でもそれは監視社会へのナイーヴな怒りではない。「ええ、まあ知ってるけど、みんな」。このとまどいは、自分の心の奥深くで作動する「カメラの眼」を剝き出しにされたからじゃないだろうか。ファストファッションに隠した「見たくない自分を見せられた」という深く沈殿した当惑を感じる。「私たちは都心に近いところで普通に働いている」。ここはコンビニや居酒屋じゃない。親と一緒だけどマンションに住んでるし、スマホだってPCだって持っている。だのに「監視カメラ」？　見られることより、それを眼の端で見ている自分の意識に耐えられないのである。どうにもならない「運命」を見せつけられたようなものだ。だから彼女たちを茶化したビンボー番組は、もはや薄～い笑いしか取れないのである。哀れみとともに苦く笑われているのは制作者たちの鈍い意識の方だろう。

一〇年の間に、そういう形でミニーマウスたちの自意識は沈殿し「成熟」したのである。怪物になった街の底で動いているのは、そういうことだ。この本はひたすら歩き回ることによって描かれたその地図なのである。ここから「アンダークラス」への長い坂道が始まる。

Ⅰ ぐにゃり東京

01 王子の東側の不気味——高速下の無人祝祭劇場

高速道路の下は悲しい

六本木、飯田橋、秋葉原、千駄ヶ谷、浜松町、護国寺、江戸川橋、板橋本町……。どこへ行っても、首都高速の下は灰色のモノトーンだ。信号を待つ人がみんな下を向いて、青に変わると蛇の巣窟みたいな薄暗い場所を一刻も早く抜けだしたい、というようにセカセカと歩きだす。その脇をカラスが超低空飛行でかすめていく。雨が避けられるから埃まみれの自転車でいっぱいだ。どこもそんな感じ。六本木ヒルズができたって何も変わらなかった。そういえば地名も、橋、谷、木、原、なんてのばっかり。なんとか台、なんとか丘、なんとかハイツとか小ぎれいな名前は一つもないじゃないか。

そんなことをつぶやくと、隣を歩く歴史通の団塊オヤジが歩きながら応える。「そりゃそうさ、高速はなんたって車専用なんだから。ドイツでもアメリカでもみんな郊外の町と町を繋いで一直線、交わるのは郊外のインターチェンジなのさ。広々したもんよ。それが都心の西側は谷と坂ばっかりだからこの始末。だいたいオリンピックで、狭苦しい都会の真ん中にやたらと高速を突っ込ませたのが正気の沙汰じゃなかったんだよ」。

さすが六〇年代から七〇年代にかけて生きのいい論争で鳴らした硬派雑誌の編集者だった人。二人で東京弁のボヤキ漫才みたいな口をききながら急ぐのは、ＪＲ京浜東北線と東京メトロ南北線が交わる王子駅から北東へ行く八車線の広い道である。

二月の終わりの朝九時四〇分すぎは寒い。一〇度もない。今日の仕事場は駅からぐんと遠い。改札から二〇分はかかる。コートのポケットに手を突っ込んで早足になった。この道は荒川やその手前でグニャグニャ蛇行する隅田川の方へ行くらしい。ドーナツ屋、牛丼屋、おにぎり屋、国立印刷局、コンビニ、カレー屋、ギョウザ屋、ラーメン屋、またコンビニ、焼肉屋、またラーメン屋。印刷局以外は全部が全部どこでも見るチェーン店。なのに、都心の店に慣れた目には、蹴り割られたままの路上看板やら、朝から蛍光灯がチカチカしているファサード、いつ拭いたのか分からないアクリル製自動ドアなんてものが、瞳にゴミが入ったようで痛い。今日の昼メシは絶対ここらに来ないぞ、と心に決めたとたん現れたのが、一〇階のビルより高い三段重ねの高架道路である。

頭が三つある巨大な竜がのたうっている。ボール紙のハリボテ大怪獣に見えた。ものすごい重量だろうになんの質量感もない。デザインの欠片もないのだ。その下には、埃だらけの歩道橋の古物、さらに下には六車線の明治通りが交わるという「四層立体五叉路交差点」だ。まだ下があった。すぐ右側をかすめるように、隅田川へ吸い込まれる石神井川が流れている。いやもう、コーヒー牛乳色の長い溜め池にしか見えない。護岸がまたすごい。これ以上錆びたくても錆びられないような鋼材が延々と打ち込まれている。その上に「溝田橋」とこれまた錆びだらけの橋がかかる。このあたり一帯は、なぜかいつ来てもグジャグジャな路面。どこもかしこも鉄板が敷かれて工事中である。

ここまで来て、さっきまでうるさく並んでいた飲食店が一軒も見えない。王子の駅前でトグロを巻いていたティッシュ配りもいない。この交差点にはカラスさえいない。喰い物屋も風俗店もなくてゴミが出ないからだ。見えるのはワンルームの箱を積み上げただけの一〇階、一二階のマンションばかり。動いているのは排水溝のような道路を流れる車だけ。あとは腐ったコーヒー牛乳色の川が右に捩れていく。駅から仮設鉄板の迂回路や通行止めポットの林を縫って、おじさんの自転車が時々ガタガタと走り去る。殺風景ってのはこういうことか。「風景を殺す風景」そのものだ。

ここには何かこう、ものすごく逆説的な「荘厳」がある。バイロイト祝祭劇場のポストモダン版ワーグナー歌劇の写真にこんな舞台装置を見たような気がする。でも、あれは立派な「黄昏れゆくヨーロッパ」の荘厳。このうら悲しさはそんなもんじゃない。六本木や秋葉原のそれとも全然違うだろう。あっちの方は六〇年代の『ＳＦマガジン』誌に載っていた真鍋博(まなべひろし)のイラストだ。高度成長未来都市の天駆けるハイウェイをイメージして造られたはずのものが、思いっきり大失敗して、大都会のプールバールの中に洞窟を造ってしまった感がある。まだ「失敗」のラプソディーが流れていた。こっちの高架は一九九四年発行の「東京区分地図」に影も形もないから、完全にバブル崩壊後の産物である。構想なんか最初からまるでゼロなんだ。

ただただ、埼玉から南下する首都高川口線の車の大群を、荒川と隅田川の川筋二つまたいで明治通りに排出し、それを飛鳥山までぶち抜いて板橋から東進してくる五号線に直結させる。そのために住む人間も風景も知ったことかと、腸捻転を起こしたキングギドラのような灰色の「無人祝祭劇場」を築き上げたというわけだろう。

昭和三〇年代博物館のウラで

「急ごうぜ」。ベテラン編集者の声がする。一分遅刻しても三〇分のギャラが引かれる。ぶつかった明治通りを右に折れ、堀船方向へ一〇分ほど歩くと、小さな作業所、半分閉まった機械部品問屋、年老いたモルタル住宅が埃のように吹きだまる街、その右側の路地裏に三階建ての印刷工場があった。今日は旅行会社の観光パンフレットだ。三人のチームで、宿泊ルームのランク別、人数別、休日や日付ランクごとの料金表、各種サービス特典のマーク、眼が痛くなるほど細かな活字を大量にチェックする。そのうえ、選べる旅行コースや特選ツアー、お薦めスポット等々。この手の眼力仕事に慣れた連中が送り込まれたってわけだ。

もう一人のメンバー、痩せた短髪男はすでに着いていた。二〇代終わりか。前に二、三度一緒にやっている。たしかチューバ奏者。「ジャズだけどチンドン屋もやってる」とか錦糸町の工場食堂で照れていたっけ。

向かいに民家のベランダや公園の砂場の見える工場の四階で、今日もお仕事が始まったのである。三時間後の一三時。この仕事量じゃ、どうがんばっても残業必至、だから「昼はちゃんと腹に入れとこうよ」と三人で通りに出た。ところが明治通りの左右、見わたす限り喰い物屋らしき影もない。この二三区の最果てに弁当ワゴンカーなんか来るわけないから、王子駅とは逆方向へブラッと歩いた。「道なりにずっと東へ行けば尾久、田端あたり」とベテランは池波正太郎ばりの語り口だ。「その辺はチンドンで回りましたよ、何回も」とチューバ男も応える。といきなり、

『オレオレサギ多発地帯！　あわてないで身近な人に相談しましょう‼』

（堀船一丁目町内会防犯部）

と模造紙にマジックで書かれた紙が貼られた電柱に出くわした。

もっと先に行くと、介護の専門学校、デイケアセンター、整体医院、老人専門内科……が次々と現れる。さらに三分歩いたその先にいきなり空間が開けた。右から出し抜けに黄色い車輌が走ってくる。都電荒川線が明治通りに斜め四〇度くらいで交わっているのである。東京ではほとんど絶滅した路面に剝き出しの小さな駅。線路上の細長い空間が遠くまで伸びて、さっきまで小さな文字ばかり見つめていた目玉が面食らってしまう。

早稲田大学の裏を出た都電は西へヨタヨタと走り、鬼子母神から明治通りと分かれて今度はひたすら北へ、民家の裏窓沿いをゴトゴト行く。それだけならテレビ東京の街歩きノスタルジー番組だ。ところが飛鳥山下を潜ったここじゃ、路上の線路から異様に高い空が立ち上がっている。「空が立っているぜ！」。小さな二階家ばかりの間を縫って、ショートケーキを切り分けるナイフのようにチンチン電車は抜けていく。都心の空は高低バラバラな建物でデコボコだから、このショートケーキ感が全然ない。それくらいビルがないのだ。

「へえー」と東京西側育ちの三人は一瞬だけ空っ腹を忘れた。その先で目に入ったのが「上中銀座」と書かれた商店街のアーチだった。

やっと昼メシにありつける。都電も入れて六叉路になった角を斜め左に曲がると、そこはもう本物の「昭和三〇年代博物館」だった。車進入禁止の広いレンガ風の舗道を、小店のオジさんやカートを押す年寄りたち、学校帰りの子ども、それにフリーターっぽい若いのがパラパラと佇んでいる。「畳屋のオジさんのお通夜どうするの?」。シャッターが閉まった店の隣で八百屋の主人と腰の曲がったお婆さんが法事の話をする、町場が辛うじて生きていた。その老衰した暮らしの風情がかえって出来すぎたテーマパークを思わせるから不思議だ。ここは精密なジオラマで、この人たちはみんなプラスティックのフィギュアじゃないの? するとあの都電の線路が結界で、オレたちは幽界に迷い込んだってわけか。三人はモゴモゴと呟くのである。

カツ丼、もり、玉子とじソバをそれぞれ腹に放り込みながら、フリーターたちは語る。

チューバ男は「あのオレオレ詐欺だけど、あれって仮想誘拐でしょ。国境がなくて南米みたいな手荒なことできないから、電話で脳内誘拐するんじゃないの」。ラティーノの音楽に惹かれる彼はラテン的に鋭い。

「そういや、このあたりは介護産業のいいマーケットみたいだし、さっきご町内の警告看板を見たでしょ。それに、案外ここらは被害者だけじゃないかも。電話芝居の出演者たちの供給地かもしれないよ」と私。

「でもな、戦前の田端は文士がたくさん集まったとこで、職工さんの町だったんだぜ、この辺りはさ」とベテランが食い下がる。ノスタルジー博物館のウラでもつれ合う脳内犯罪の加害者と被害者たち、と腹のくちくなった三人は盛り上がっていく。ということは、労働者の捩れた孫たちが、都内北の果ての地元から爺さん婆さんの小金をかすめ取る、ってわけなのか。「てことはオレたちも、ジオラマに置かれたフィギュアじゃないの？」。

阿佐ヶ谷の訳ありワンルームに一人住むチューバ奏者の父親は早く死んでいた。母親と姉さんが大森で健在らしい。「鬼平」かぶれの編集オジさんは八王子の家で待つ両親の介護に疲れていた。どこの仕事場でも夕飯が気にかかってしょうがない。私はといえば、両親とも魚籃坂下（ぎょらんさかした）の古刹で重い墓石の下にいる。

夜八時すぎ。一〇時間分の眼精疲労にヒートアップした目頭を荒川から吹いてくる夜風に当てながら、ようやくあの三段高架の下まで足をひきずって来た。石神井川の成れの果てを横目に、背中を丸め過熱した頭を抱えて王子駅まで行こう。ワーグナーも顔負け、このゾッとするような「荘厳劇場」が発散する魔力に、グニャリとひねり潰されたような町が辺り一面に広がっている。気がつくと、オレたちはいつもそんなところばかりゴソゴソと動き回ってきたらしい。

「高度成長も、バブルも遠くなりにけり」。おかしな仲間たちと、グニャリとしょぼくれた「裏東京」をゴキブリのように這いながら探ってみたい。

02 「江戸」が濁る北品川

「dock って分かります？　Mac 語で」

「え、何それ？」

ドック・オヴ・ザ・ベイ

「PCの話ですよ。ほらマックの画面でカーソルを下に下げると、アプリにショートカットするアイコンが並んでピョコンと跳び上がってくるでしょ。あれですよ」

「アー、ハイハイあれね」

つい最近、柄にもなく iMac の最新鋭機種に買い換えたばかりの私は、ようやく頭の中に画面が立ち上がってきた。

「それがどうしたの？」。昼メシの店を探して旧東海道の商店街へ向かう坂で聞きかえす。

「似てません？　あれに」

チューバ男が目をやった彼方には、品川駅の港南口にずらり横一線、一キロ以上も整列する超高層ビルの壁があった。

チューバも吹く編集フリーターし、いやいや、編集フリーターもやるジャズ奏者の「チューバ男」

こと池沢くんは大のマック・ファンなのだ。「マック教」の伝道師というところ。とにかく人に薦めたがる。そんなワケで、パソコンの体内深く入り込んだウイルスに手を焼いたあげく、Mac ユーザーになってまだ一カ月経たないこちらの目にも、品川一帯の激変した光景はフワッと立ち上がったアイコンのようでまるで現実感がない。

広くてきれいになった駅舎を挟んで反対側、高輪口の高台にプリンスホテルがある。その最上階スイート・ルームあたりから眺めたら、目の前に広がる東京湾全景がマックの起動画面みたいに見える――ってことか。たしかに、dock は dock でも「ドック・オヴ・ザ・ベイ」に違いない。我が魂のオーティス・レディング！

「これって、大森生まれの押井守（おしいまもる）の見すぎですよね」と、二八歳の痩せた彼は低音ブラスの柔らかな声で笑った。

「フリーター人生の醍醐味」と言っちゃ悲しすぎるが、ささやかな楽しみの一つは、普段あまり人の行かないような場所に裏からゴソゴソ入り込めること。入ったとたんオフィスの床に溜まるホコリみたいになると、会社人間たちの営みが斜め下の方から見えてしまうことである。そのうえ空腹を満たすために裏寂しい道を歩き回る昼休み、怪しげな店の気配に鼻が刺激された日には、消化器官より前頭葉の方が活性化してしまう。超高層の二一世紀になればなるほど、裏町は消せないどころか濃くなっていく。そんなところばかりうろつき回る透明人間になった悦びと不安。二〇代、三〇代なら、かつかつの生活でもこれで五年や一〇年は楽にもつだろう。ただし独身ならね。

今日の現場は盛大に再開発されたばかりの品川駅、その影になった南側の運河に囲まれた一角にあった。

運河の底の江戸

品川駅がじつは港区にあるのは、まぁ、たいていの人が知っている。でも、駅前の繁華街から南へ下ると「北品川」の町が広がっているのを知る物好きは少ないだろう。ややこしいのは、さらにその先に「南品川」まであることだ。これは一体どうなってるんだ?

某大新聞社の出版局が毎年出している地方公務員試験の各県別対策シリーズ、その全四〇冊の内容を一週間ぐらいでチェックするのが仰せつかった仕事である。歴史と社会学に詳しいベテラン編集者の肥田さんと二人で始まったチームが、これではこなせないと途中から三人になった。三カ月ぶりのベテラン、私、チューバ男のトリオ復活である。池沢くんにはPCウイルス騒ぎでだいぶ世話になったので、これからは「チューバくん」と呼ぶことにしよう。

遠く団地が見える陽当たりのいい三階の会議室。大きな作業台に山積みにされた各県別、各科目別資料、過去問題のコピー、他社の同種本シリーズに埋もれて作業が続いていく。資料と照合しながら問題を解き、解説をする。窓から東京湾は目に入らないが、ほのかに潮の香りが流れてくるのに気づいた。北に天王洲運河、東側に京浜運河、南には目黒川が流れる古い埋立地、その底の曲がりくねった裏通りの一角にある印刷工場だった。

品川駅高輪口を出てすぐ左へ、道なりに第一京浜を川崎方向へ行く。踏切を渡って京急線に沿った国道と別れると、左の海側へ向かって落ちていく斜面に、薄い壁のように続く都営アパート群が見えてくる。まるで崖だ。六〇年代の都心周辺にバカスカと急造された公営団地の一つだろう。夏にはお台場から吹き上げてくる海風。冬には御殿山から吹き下ろされる山風に倒れやしないか？

もう三日目。荒天の朝に思わず早足になる。老いさらばえた高齢団地の表情が目に染みた。「都営アパートって、高度成長の遺跡なんだよね」。「きのう帰って地図を見たら、ざっと五〇〇メートル四方くらいのこの掘割一帯に都営団地が四つ、公団住宅が一つ、あとは倉庫と工場ばっかりだよ」と水を向けると、ベテランがすぐさま応えた。

「屋形船や釣り船屋さんを忘れちゃいけないよ。船宿だって少しは残ってる」

ボソッと呟きながら、運河にかかる橋の欄干に片肘ついて、ゴミと油で淀んだ水面に小石を放った。死んだ小魚の揺れる波紋を目で追うと、堀の底に朽ちた屋形船の残骸が丸ごと沈んでいた。朝方に出くわした、橋に陣どって絵筆を動かす年配者たちはどこへ行ったんだろう。品川インターシティの超高層を借景した五月晴の船着場。釣竿が立てかけられた宿の軒先。「東京遊船業組合」の寂しい看板。そんなものを拾えばそれらしい現代江戸切絵図になる。だが、川釣りを嗜むベテランはラーメン屋の楊枝をくわえて水の底を見ていたのである。

「天国と地獄」のはじっこ

♪ Sitting on the dock of the bay,
♪ Watching the tides rolls away !

歌いだしたのは私でもチューバ青年でもない。プッと楊枝を運河に吐き捨てたベテラン氏だった。歌うというより、老いたブルドッグのように低く唸る。

「渋いっすね。オーティス・レディングですか」と池沢くん。

「そのへんのLP全部持ってますよ、オレなんて」は私だ。

二人とも思わず言葉が出た。

「オレだってロック・ジェネレーションの切れっぱじよ」と、前頭葉に磨きがかかったベテラン氏。歌詞はそれ以上出てこないが、日和のいい昼下がりにオヤジの話は弾む。

「超高層見て、マックのドックが目に浮かんじゃうのは面白いよな」

「埋め立てられる前のこの辺りは江戸湾の海辺で品川湊だった。それで幕府ができたら、南のこの通りの先、目黒川に近いところが東海道品川宿になった。川が真ん中で江戸に近い北側が北品川、南側が南品川ってわけさ。さっき歩いた狭い旧街道の商店街の途中に『日本橋より二里』って道標があるだろ」

「二里ってだいたい八キロでしょ。ニューヨークのグランドセントラルからハーレムまでもそんなもんかな。この距離感ってなんなんでしょね?」

最近のフリーターは月収一三万でも、学生時代にニューヨークやロンドンに行っている奴がいる。マンハッタン島に触ったこともないブラック・ミュージック派の私は悔しかった。

「その品川宿が北に膨らんで飯盛女のいる茶屋の町になり、明治に鉄道が通ると、その外れ高輪の大木戸にぶつかったところが今の駅になる。京都でも新宿でも、遠くに駅を作るからややこしいんだよ」

ドトールもスタバもないから、缶コーヒーを片手に橋のたもとに坐って語る男三人である。

「なんだろね、最近どこの街を歩いても江戸が見えてきちゃうんだな」とウンチクのベテラン。

「たぶん戦後っていうか、高度成長とその続きのバブルも『江戸時代』だったからじゃないですか。会社が藩で社長が大名、サラリーマンがサムライで、中小企業や自営が職人や町人。『昭和元禄』なんていったでしょ。それがとうとうぶっ壊れて、その下に崩れた昔の大江戸八百八町がぼんやり見える」。「士農工商校正マン」が口癖の私も負けじと繰り出した。

「ウーン、それで戦後の『モダン江戸』に遊郭の外れがターミナル駅になって、人足と馬の北品川に京浜工業地帯の物流をプールする都営アパートと倉庫と工場が集まったってか」

ゴミの運河でも、わたる五月の風はさわやかなのに、人文系オヤジの話はやたら理屈っぽい。

「同じ八キロで、新宿がマンハッタンのイーストサイドなら、品川は江戸のニューオリンズか。にしちゃ、うす暗いっすよね、この辺り」。グローバル・フリーターの返しも鋭い。

京急に乗って横浜を過ぎてしばらく行くと、丘の上に南太田という町がある。これが黒澤明の映画『天国と地獄』の「天国」の方だ。「地獄」は谷底にある伊勢佐木町の無国籍キャバレー街を縫う裏路地である。丘の豪邸で吠える三船敏郎を暗い谷底から見つめる、アラン・ドロンよりシャープな若き山崎努の眼の光。痩せた犯罪者のこの眼差しが二五キロ先からこの辺まで、四〇年の時を超えて貫かれている気がする。先週見たそのＤＶＤに話は繋がってしまう。戦後の「江戸」が固まる直前一九六三年に撮られた映像と、その街が崩れゆく二〇〇五年の光景は意外と近いのか。丘の上の景気がどうなろうと、妄想は広がる。

「そういや、三年前の改訂で来た時はアパートや倉庫だった場所が高級そうなマンションになってるけど、やたら大げさなエントランスの向こうはワンルームばっかりの棟割長屋かもな。身分証明もない幽霊みたいなもんだからオレたちは、変なものが見えちゃうんだよね」。ベテランの大江戸妄想も深まる。

三人の幽霊たちは「ドック・オヴ・ザ・ベイ」を歌いながら、崩れた掘割の迷路を回って仕事へ戻っていく。

03 ゴーストたちの大川端

「もんじゃ」から遠く離れて

いつから「もんじゃ焼き」なんてものが東京名物になったんだろう。ついこの間まで、周りにいる連中は食べたことがないどころか、「もんじゃ」なんて聞いたこともなかったぜ。

梅雨の終わりかけた月曜日の朝八時四五分、大江戸線清澄白河駅から階段を上がってすぐ左脇の運河に面したところで人を待つ。目の前の高橋（タカバシと読む小さな橋）をこちらに伸びてくるのが清澄通り。この広い通りを真っすぐ南へ下って、大小の運河を渡れば名物「もんじゃ」の町・月島だ。

この辺りの朝は眠い。というのも変だが、通りにはたしかに「眠たい」気配が漂う。睡眠不足のこちらも眠いが、古い倉庫と小さな作業場と老夫婦がスッポリ収まるカプセルみたいな「しもた屋」が続く町並には、通勤ラッシュの地下鉄から吐き出されるオフィス人たちのラストスパートなんて、どこを捜したって見えやしない。「しもた屋」とは仕舞屋と書いて、商売を店じまいした人家のことだ。上がりきらない梅雨空の下、江戸の埋立地らしくのっぺりと平らな町はひたすら静かだ。路地に広がってモゾモゾとラジオ体操をやってる町工場のおじさんたちの間を、幼稚園に子どもを送るユニクロTシャツお母さんのママチャリが走り抜けた。

こんなところに某大出版社の美術出版部門があるなんて誰も思わないだろう。本日のお仕事は、ドイツのある現代美術家の作品を集めた翻訳本。研究者による大部の評伝つきで、美術史、思想史その他もろもろの知識の質と量に加えて、カラー図版の色調を見分ける経験が——というのが、クライアントが要求するスキルのハードルである。ヤレヤレ。そんなわけで急遽かき集められたのが、肥田さんと私のおぼつかないコンビに、美術系大学院を出たデザイナーなのになぜか印刷工場の深夜勤務も辞さず、色分解したフィルムを見る苛酷な作業を網膜剝離寸前までこなす福地さんである。「フィルム検版」と呼ばれるこの仕事はジョークにならないくらいキツイ。

以前、ある大手の工場でこんな経験をしたことがある。発色を確かめるライト・テーブルに長時間へばりつき網膜を焼かれること、かれこれ二十余年。真っ赤な眼球保護グラスをかけて薄暗い工場をうろつく年配の工員さんを見て、ギョッとした覚えがある。『ゲゲゲの鬼太郎』の一場面みたいだった。へたをすると失明するらしい。人のことなど言えたものじゃないが、アーティストのキャリアと眼をつぶすそんな仕事に体を張る福地さんの前歴も「アヴァンギャルド」って噂だ。聞くところによると、けっこう危ないアーティストの研究をしてたとか。——こいつは楽しみだな。

大江戸線に乗せられて

やっぱり、ここにもコンビニはないか。仲間を待つこと数分。隅田川から吹く川風を受けて欄干から通りを見わたすと、後頭部に声がした。

「早いですね」。黒無地のシャツにブラック・ジーンズの福地さん、息せき切って登場である。赤いグラスはしてないが、アート系定番のコスチュームが汗に濡れている。

「初めてのとこだからね」と応じると、たちまち「ホームが深い、車内が狭い、乗り継ぎが悪い」、困った大江戸線の話が青白い肌の汗腺から噴き出した。

「バブルの頃に、都心の土地を売り払った出版社や印刷会社が山手線の縁とか奥地に引っ越したでしょ」。それでDTP作業の現場も板橋の果てだの、高島平だの、埼玉の先まで移った。福地ブラック氏が始発まで仕事で閉じ込められていたのはその中の一つ、という。ところが最近の都心回帰で建ち始めたマンションのフロアに、製作プロダクションやデザイン事務所が帰ってきた。光ファイバーでデータ送信も速くなったから、と四七歳のブラック氏の汗は止まらない。

「そうそう、だから大江戸線の駅周りにオレたちの仕事場ができるんだよ」。交通の便が良くて良くない。つまり都内を巡る駅はできたが、ホームが深くて地上まで七〜八分かかるのはザラ。どうしたって賃貸マンションは安くなる。そんなわけで大江戸線の周りは、住人の年齢層、所得、職種別の昼間・夜間人口まで調べるコンビニ立地のマーケティング調査もクリアできない。「こういうところはオレたちにはお似合なんだけどね〜」。橋のたもとで朝から気炎を上げるフリーター一二人。カートを押すお婆さんがいぶかし気に見て通り過ぎた。

「いや〜ワルイ、ワルイ」と派手なアロハをはおった肥田さんがやって来る。

「どうしたんだ、歴史オヤジ」と言う間もなく高橋を渡って、昔の木場の運河に沿って隅田川方向へ急いだ。この小名木川から二分きっかりで萬年橋（マンネンバシ）脇の目ざす建物に着く。現れたのが、黒ずんだテラコッタ煉瓦の壁にスレンダーなガラス窓をシャープに配した研究所風のポストモダン。三階建てだが、「こんな下町、私は知らないよ」とばかりに周り一帯の眠たい町から屹立している。

「ギリギリ、セーフだよ」とイカガわしいアロハ氏。あんたのせいだが、フリーターは行く先知らずの香具師みたいなもんだからしょうがない。飛び込んだのは、四方すべて強化ガラス張り、監視カメラ三台が見つめる受付ロビーだった。どうやら、ヴィデオ付きインターコムに派遣企業名や一人一人の名前、生年月日、行き先部署を入力する無人受付らしい。これが四畳半一間くらいの狭さだ。三人でガヤガヤどうにか入力したとたん、女性のシルエットがモニターに映る。このシステムに自動認証されて部署までデータが通じ、被疑者さながら「面通し」した担当者が承認して初めてドアが開く、という仕掛けだ。てことは、すでにこちらの事務所から個人データが送られてたってことか⁉

ゾッとするが帰るわけにはいかない。上半分スケルトンになったエレベーターの中で、ブラック氏は設計した建築家を気にしている。アロハ氏の両の目は窓から見える隅田川の川面に張りつく。こちらはといえば、この高級感に早くも時給の胸算用とは悲しいね。

萬年橋のインテリジェント・アトリウム

ところが三階に着いてドアが開いたとたん、三人とも内心「オオッ」と声を挙げたと思う。目の前に現れたのは地下三階から六階分たっぷりと突き抜けたアトリウム空間。フロアの三分の一を占めるこの大きな吹き抜けに、各階をめぐるラセン階段が設置され、ガラス張りになった川沿いの雲間からさす薄日が水上の大空間に屈折して、カーテンのように揺れながら反射している。編集局長役がジャック・ニコルソンで、ニューヨークの出版社を舞台にした映画に出てくる瀟洒な建物を思い出した。向かいの路地の木工場で工具を操るおじさんたちは、この中にこんな場所があるなんて想像もしないだろう。ラブホテルに囲まれた屋上のプレハブ小屋だとか、中古パソコンが山積みになった地下倉庫の隅っこで仕事なんてこともあるが、このインテリジェント空間じゃあかえって落ち着かない。

ものは二度とお目にかかれないような高級本だった。めでたく大芸術家になったかつての前衛がまだ貧乏学生だった一九五〇年代のデッサンから、六〇〜七〇年代の難解彫刻。そして八〇年代以降の大型野外作品のカラー・グラフィックまで、バイオグラフィーや発言集。さらに三人の専門家による二〇〇ページ近い研究論文など、しめてほぼ四〇〇ページ。大判総アート紙、頒価八〇〇〇円なりの豪華本である。

「クーッ、久しぶりのアート本に目が染みるな」。ブラック氏が呻く。昨日の朝まで一週間どっぷりつかった仕事は北関東一円に展開するスーパーのちらしである。新聞全紙大裏表に山と積まれた商品名、価格、値引き特価のアイコン、商品番号など数百点を、薄いコート紙に鼻の油がつくまで舐め回していたら朝日が昇ったという。こんな安い仕事ばかりじゃ、高い美術書は買えないよ。

ブラック氏が読むのは、戦後アヴァンギャルド美術史における作家論。ラカン派のコプチェク、ジジェクら翻訳者も泣く最新高級難解な精神分析理論を使ったアクロバティックな作品論。この辺りがたいして分かりもしない私の出番だ。そしてなぜか江戸期の文藝と比べる日本人研究者の論考が、当然ながらアロハ氏の担当である。

作品に付された画材のデータからするとデッサンの色調が薄いんじゃない、とブラック氏が嘆く。ラカンの「対象a」が「α」になってるよ、と私も応える。すると担当の女性がIDカードを持ってきた。入館時のデータが記憶されてカードができる。それを読み込ませて暗証番号が合わなければ、トイレから部屋にも戻れないし、ネット検索もできないという。ISO資格取得というヤツだな。ただちに「知的奴隷労働」という言葉が頭に点滅した。

優雅で残酷な親水空間

十字架に鉤十字、ダビデの星に星条旗がツタのように絡み合ってレリーフされた大理石の掘っ建て小屋に、嫌がらせの青ペンキがぶちまけられたように彩色されたベネチア・ビエンナーレの野外彫刻写真である。見ると、アロハ姿の視線の先には隅田川の向こう岸に点々と並ぶブルーシート・ハウスがあった。たしかに似ている。こっちには人が住んでるけどね。

肥田さんがなにやらモゴモゴ呟いている。

「見ろよ、これ。ソックリだぜ」

「問題作ですよ、これは」とブラック氏。「この人がさらに鋭いのは、この上に赤いペンキをかけたネオナチのバカが作品を引き立てちゃったこと」。眼を凝らすと、どうやら白い長方形の真ん中に梅干しみたいな赤丸の旗も見えている。

夜八時になっても、積まれたゲラは半分になったかどうか。

残りは明日にしようと、カードを読取装置に通して建物を出る。眼玉が吸い付けられる隅田川の上の大空が群青色だった。上野動物園のモノレールみたいな地下鉄より歩こうぜ、と川端の遊歩道に降りてブラブラと両国方向へ歩いた。ケルン様式とかいう清洲橋、二次方程式のカーブが麗しい新大橋、剝き出しの鉄骨ボルトが和ませる両国橋。これをバックにもう一カ月もすれば花火大会の季節が来る。

こういう造りを親水公園というらしい。水に向けて開かれた木のベンチに坐ると、花壇や並木の間を夜風が吹き抜けた。そうやって風に押されながら、上流に行くにつれてブルーシートやグラフィティーが増えていく。このグラフィティーはブルックリンのなんとかいうスタイルですよ、とブラック氏が一つひとつ解説する。こっちも詳しいんだ。こういうことに血道を上げる連中がブルーシートの住人たちの隣で闇夜に人知れず描いている。気づかずに、彼らは自分たちの「明日」をデザインしているんじゃないか。

闇が深まって流れる川の深い藍と区別がつかなくなり、夜の川は死の世界に流れていくように見えてしまう。介護する両親に追われる肥田アロハ氏。二人ともとうに三途の川の向こうへ行っちまった私。実家に弟だけ残る福地ブラック氏。そんな三人が、ブルーシートやグラフィティーがインテリジェント・タワーの光とマダラになった大川端を行く。

04 火星の多摩センター

中学生の時、レイ・ブラッドベリというSF作家の『火星年代記』という小説を教えてくれたのは、松岡くんという同級生だった。

SF中学生たち

彼は手塚治虫の貸本時代のマンガを小学生の頃から読んでいた。それだけでなく、どことなく「文学的」な雰囲気を漂わせた黒ブチメガネの痩せた少年である。少し神経質だけど、とっても優しいヤツ。四〇年前、中学一年生でもう一七〇センチ近かったな。

彼の周りに数人のSF同好会めいた集まりができる。それで放課後、何人か連れ立ってはできて間もない新宿東口の紀伊國屋書店本店に寄る。二階の奥にあるハヤカワ・ミステリーやSF文庫のコーナーで立ち読みしていた。いつも一時間はネバっていた。東京オリンピックの後だった。あの頃は中学生の小遣いじゃあ本やレコードにそうそう手が出せない時代だ。みんなにとっては新宿駅から電車に乗って郊外の自宅に帰る余白の時間である。「郊外通学者」たちにはこれがホッとするらしい。一人紀伊國屋の前で別れて、逆方向の四谷に近い家に向けて歩きながら、電車に乗る連中が羨ましくてたまらなかったものだ。

松岡くんの父親はたしか英語の翻訳や通訳を仕事にしていたと思う。住んでいたのは東小金井だったか。一九六〇年の安保闘争を学生で過ごした若く元気な国語教師とは学年で一番親しく、六五年当時売り出し中の大江健三郎や小田実あたりを、先生につられて松岡くんも読んでいたらしい。山口瞳や北杜夫といったライトなユーモア小説にもくすぐられる。サルトルっぽい大江さんやギリシャ古典の小田さんは難しそうだが、松岡くんは英語に強い。こっちはとりあえず軽そうなやつで行ってみよう。石原慎太郎のラグビーものは面白かったけどね。

だからみんな『どくとるマンボウ航海記』にも笑い転げたけれど、とにかくSFがカッコいい。輸入されたテレビ番組「ディズニー・アワー」の宇宙ドキュメンタリーものを、小学生時代に目を皿のようにして見ていた連中ばかりである。誰かの兄貴経由でハヤカワSF文庫や『SFマガジン』をようやく手に入れ、回し読みするようになったのはこの頃だ。私もチビチビと買った。アーサー・C・クラーク、ロバート・ハインライン、そしてレイ・ブラッドベリ。

レイ・ブラッドベリが一人だけ特別扱いされていたのはなぜだろう。テスト勉強も早々に落語の小噺みたいな日本人作家のショートショートを覗いては、やっと獲得した二畳半の自室に寝転んで笑う。畳の部屋にはベッドなんてなかった。布団部屋で壮大な宇宙戦記のスペース・オペラにもずいぶんと読み耽ったものだ。それでも『火星年代記』だけは別格である。

家に一冊も本らしい本などなかった私は、生来の負けん気で読書仲間に追いつき追い越すべく猛ダッシュをかけた。だから初めて買ったハヤカワ・ミステリーのペイパーバックが『火星年代記』である。モダンアートをレイアウトした表紙やスリムな判型、あのビニール・カバーのペイパーバック感がクール。中身といえば、ウーンもう一つ、あれほど奉られる理由が分からないのである。結局オレには「文学」なんて分かんないのかな？

そうこうするうちに、やっと開高健にとりつき、野坂昭如をかじる。そして堀田善衞を偶然手に取ったかと思うと、たちまち荒地派の詩にいかれた。埴谷雄高にジャンプさえした。紀伊國屋前の歩道は日ごと夜ごとに騒々しくなっていく。こうして高校受験が近づく頃には、ＳＦ仲間たちはいつの間にかバラバラになってしまったのである。

異星の人工都市

調布駅を過ぎたあたりから京王相模原線・橋本方面行きの快速列車は一気にスピードを上げる。地下鉄や自転車でいつも都心の地面ばかりウロウロしている者には、高架線上をビュンビュン飛ばしていくこの揺れと疾走感が小気味いいんだな。

朝九時一〇分、京王線新宿駅発の急行多摩センター行きに飛び乗った。通勤ルートとは逆だから、車内はスカスカで気持ちがいい。明大前からは必ず坐れる。あれから四〇年、オレはいつも逆ルートばかりウロついてきたらしい。調布から多摩川の先は高架がかなり高くなった。寂しくなる一方の電車の中、シートの端でほお杖をついて車窓を吹き飛ぶ丘や林を眺めていると、グライダーで空を滑っていく気分になった。朝からナチュラル・ハイ！　これぞ車の免許もないフリーター稼業の醍醐味か。稲城、若葉台と駅舎が後ろに飛んでいく光景を見ながら、ふいに『火星年代記』を思い出した。

そうか、郊外のニュータウンは火星のコロニーだったんだ。街全体がトータルにデザインされ、街区ごとにカラーリングされたスカイラインが高架鉄道から見える。改札からエレベーターを降りて広いプールバールを行くと広場が広がる。並木道にデパートやショップやレストランが建ち並んでシビック・ホールが見えてくる。人の流れはそこから放射線状に分かれてそれぞれのマンションへ、自分のフラットへと吸い込まれていく。澱みがない。曲がりくねった路地も錆びた工場も、ゴミで詰まった川もない。計算され設計されつくした人工都市。これってどこかの惑星の植民都市そのものじゃないか。

京王線の急行の中で、中学時代のSF仲間がこの小説を大事にしていた理由が初めてピンと来た。彼らはみんな「越境入学組」である。都立高校の旧ナンバースクールが憧れの対象だった頃、その近くの区立中学校にも受験者が殺到した。周りの区や近くの県からも住民票を移して入学試験を受ける。みんな都心へ通うサラリーマン家庭の出身だったと思う。SFに惹かれたのはそんな連中である。松岡くんは中央線だが、他の連中が住むのは小田急沿線の百合ヶ丘（新百合はまだない）や町田の造成地だった。自分だけが山手線の内側だ。

『火星年代記』は、遠い異星に植民した人類が幾世代かを経て、かすかに残った地球へのノスタルジーの中に佇む憂愁の物語である。ドームに覆われた人工大気の中の暮らし。一九五〇年代で時間の止まった街で人類は衰えていく。六三年に現れた作品は二一世紀末から過去を回想する銀河系の千夜一夜物語である。「懐かしい未来」の静かなる原型。一九三〇年代からロサンゼルス周辺の砂漠の中に忽然と姿を現した一〇〇％人工の郊外都市がモデルだったんだろうな、と今は分かる。一九六五年の東京SF少年たちは、そこに自分たちの未来の光景を見たのだった。

多摩センターの駅に着くと、改札口にはもう今日のメンバー全員が揃っていた。最近では、みんなちょっと現場が遠いと用心してずいぶん早く行くようになった。フリーターだからだらしない、なんて現場を知る人の言葉じゃない。そんな時代はとっくに終わっている。これほど増えれば安いギャラで働く人間はいくらでもいるんだから。書き込まされる就労データをもとに、クライアントの方から逆指名してバツになるのが普通になったのだ。だからオレたちは喰うために「勤勉なプロテスタント」にでもなんでもなる。

「怖いよな」と昼休みに囁かれている。

「セグメント化された都市空間をターゲットにしたマーケティング情報」を提供するシンクタンク様による、大量のアンケート用紙をチェックするのが今日のお仕事。職種と年収、数世代の家族構成、移動空間の広がり、学歴のルート、趣味嗜好ごとに質問事項が枝分かれし、ものすごい量の作業になる。こういう仕事はチーフ役が多少とも社会学をかじって、社会調査の基本ぐらい知らないと話にならない。

黄昏れゆく未来

多摩センターは空中に浮いた街だ。谷底に二つの高架私鉄線が並行して走り、大きな駅ビルも二つ並ぶ。そこから南の丘に向かって五〇〇メートル四方、ペデストリアン・デッキ（遊歩廻廊）が巨大化したような人工地盤が高く立ち上げられて、ひとつの街全体がそこに載っている。車の流れは全部その下のルートをめぐり、人の流れとは完全に分離された。たぶんこれは七〇年代の流行だ。新宿駅西口型超高層ゾーンの発想だろう。

「なんだか通りが寂しいね」。デパ地下で探した格安ランチをとって通りに出ると、東大和から多摩モノレールで来た旅行ライター、四三歳二人の子持ち男が呟く。

「そうね～、いつの間にかデパートも一つになっちゃったし、これじゃ競争がないからメニューも緊張感ない感じがする」と応えたのは、等々力から私鉄を三つも乗り継いだという元女性誌編集者、グルメで知られる三五歳の独身女性である。

「千葉のニュータウンの方がもっと新しい雰囲気っすよ」。スタバに入ると、津田沼の実家から二時間かけて東京を横断してきた一見マッチョ風の二九歳野郎も加わった。とても字の書かれた紙を操る人間には見えないヤツだ。

「バブル時代に伸びたこのマーケティング屋さんも〈第四山の手〉とか宣伝してこっちに移ってきたけど、また都心に帰るらしいよ。代官山だって噂だよ」と、新宿の外れに住む私も紙コップを手に別の仕事でゲットした最新ウンチクを披露してみる。

「でもね、札幌以外の北海道なんてこんなもんじゃなくて、いまだに死んだままだからな～」とタメ息をつくのは、北千住に引っ越したばかりという新人、といっても三九歳である。北海道大学文学部東洋哲学科出身という謎めいた人物。というか、実は誰一人ナゾなんてない、ただのしがないミドル・フリーターたちだった。

この近くに都心から移った大学がいくつもあるはずなのに、若い人の姿がたいして見えない。大学生は外食やショッピングに金を使えない。空中の街で育った子ども世代も育つと、たちまち都内に出ていってしまうらしい。「これじゃ地方の過疎地帯じゃないの」とグルメお姉さん。坐ったオープン・カフェからは、アミューズメント産業のファンシーなドームや教育産業の超高層本社ビルのすぐ隣に建設予定も立っていない広い空地が目に入る。公団が四〇年来の造成計画に幕を引いたのは二年前だと、と新聞の多摩版を駅で買った津田沼のマッチョが応えた。

火星にたなびく「ズボンをはいた雲」

今朝、駅からクライアントの入居するビルまで来る途中にパチンコ屋を見つけた。その開店を待つ二〇人近い列に、パチプロ風やヤンキーっぽい主婦はチラホラなのに、二〇歳前後の男の子たちばかりが目についた。あの連中は学生なのか、それともパチンコに行くときだけ部屋から出てくる「中古ニュータウン引きこもり」ってとこなのか？

あるマーケティング屋さんによれば、都内でも郊外でも商業地同士の競争が激しいという。集客と売り上げの奪い合いで、勝ち組と負け組の街がゴチャゴチャに入り組んできたという。するとここはどっちなのか？　ところが「消費」に奉仕する調査マンたちには本当の「下流社会」の姿は見えていない。ここにいる五人は一人一人「第四山の手」の周りをめぐる縁か内側のスキ間から来て、みんな「消費」の地獄から逃れたくてこんな仕事をしているのである。広場を眺める五人は「下流」や「引きこもり」で何が悪い、という話に華が咲いたのである。

ところで『火星年代記』のアンニュイに魅せられたかつての中学生たちは、今どこでどう暮らしているのだろうか。外資系ＩＴ企業や巨大保険会社や国家官庁に勤め、エンジニアやエグゼクティブやキャリアとやらになったところまでは風の便りに聞いている。どうせもう、ここらにはいないんだろうな。巨大なドームにカバーされた憂愁の人造都市は火星じゃなかった。この東京でブラッドベリが綴ったクロニクルそのままの時間を過ごしたのかもしれない。「崩壊した東京」が懐かしい、と。

私には、パチンコ屋の前に並んだ男の子たちの無表情が、どうしても彼らの子どもたちの顔に見えて仕方がない。

マヤコフスキーやエレンブルクを訳した詩人岩田宏が、一〇年後にブラッドベリを訳した翻訳者の小笠原豊樹である。彼には「マルクス主義者の計画都市」が「火星の未来都市」に見えていたのかも知れない。ロシア未来派の詩人マヤコフスキーには『ズボンをはいた雲』という名高い詩集がある。「ぼくの精神には一筋の白髪もない」と謳ったその言葉に私が酔っ払ったのは、SF時代の数年後である。六〇年代が去った後の「未来」は実に退屈だった。デコボコ道だったけれど。それを知ったのも悪くないよ。白髪があまり増えない自分は人気の少ない広場の片隅で思う。

05 北池袋ブルーズ・アウェイ

ゴミ袋の街

仕事は終わっていた。

夕陽の落ちきった東武池袋駅北口。しどけなく半開きにされた女の唇に似たその地下道入口に、疲れてうなだれた人波が呑み込まれていく。そんな風に見えるとはオレの下半身にもドーピングが必要か。

頼んだドンブリ物を待つ間、渋滞する大通り、その埃にくすんだガラス戸の向こう側を見ていた。薄板一枚のカウンターにほお杖をつきながら頭の中で呟く。帰りを急ぐあの連中は、ゴミ回収車の鉄の爪みたいな機械でグシャグシャにされながら嚙み砕かれていくゴミ袋たちじゃないか。

パレスチナの隔離壁みたいな東京湾岸の高層タワーに遮られて、東京から秋が消えてなくなった。Tシャツの夏から突然セーターの冬になる。ユニクロの品揃えそのものだ。一二月初めの夜六時すぎの北池袋。一瞬だけ「旬」に見せるコートに紙袋やポリ袋を下げた男や女たち。「東京23区推奨45ℓ炭酸カルシウム30%混入ポリエチレン使用」、増量五〇枚、特価二八九円なりで売っていたゴミ袋たちがゾロゾロと歩いて、どんどん回収車に吸い込まれていく。

するると、こんなこと考えてるオレの脳ミソも当然ながら「生ゴミ」だろう。てことは、この辺り一帯の喰い物屋や飲み屋、風俗店やラブホテルで毎日毎晩たれ流される小便やゲロや精液は、あの袋から絞り出される液汁のドブ川ってわけか。

とたん、「ハイ、カツ丼二丁！　上がったよ！」と、尻上がりの妙なイントネーションで女の声が頭から降ってきた。目の前に置かれたドンブリから上がる玉子の湯気と豚ロースの匂いが、ゴミ車の底に澱んだ臭い汁の空想を頭から吹き飛ばしてくれる。

漢人のトンカツ食堂

さっそく喰らいつく。「うん、まあまあ」と、隣の西田くんも味噌汁のお椀片手にうなずいた。なんせ四五〇円。この場所でこの味で汁つきなら、まあこの値段でよしとしよう。最近の牛丼屋よりずっとまし。日本橋の高級カツ屋じゃないんだから。

ガラス戸を引いて、また三人客が入ってくる。ベニヤの壁がガタガタ揺れる。三方ぐるりとカウンターばかり一〇席ほど。地震でもないのに店全体がグラグラする。そういうプレハブ小屋みたいな造りなのだ。「今どき、ありえねー」と西田くんが、さっき入ってビニールイスに坐るなり言った。テープを張られた割れガラス。アチコチはがれたベニヤ板の引き戸、厚さ一センチの板張りカウンター。ここは山奥の飯場かよ。とんでもない、巨大ターミナル駅に面した大通りの路面店である。向かいにスターバックスも見えている。

「悪いねー。並んで待っててね」と、漢人なまりの声が薄いガラスに跳ねかえる。喋る言葉はジグザグだけど、なぜか言い回しの角は滑らか。妙に艶っぽい。黄色い肌の若さより洗練の滋味を感じる。こりゃあ、時に磨かれた大陸文化の喉かな。飛び交う声と油と鍋の熱気が、いたるところすき間風入り放題の店でも客に汗をかかせる。細身のブラック・スーツを着込んだ若いサラリーマンたち。その間で蝶タイを緩める風俗店のボーイ。声を上げる工員風のオヤジたち。そこに薬局勤めの白衣にカーディガンの女性たちも混じって、カウンターにぐるりと行列ができた。

「ここは浦東の場末かよ」と呟くと、「そうでしょ。だからピンと来たんですよ」と隣の相棒も応じる。上海バンドの黄浦江を隔てた対岸、テレビでおなじみの超高層新開地・浦東を、西田くんは何度もうろついている。三二歳、文化大革命ははるかに遠い昔、極東電脳番外地を舞台にしたサイバーパンクもよく知らないネット・オタクの男が、巷の反中国煽りにも乗らず、なぜかＩＴ下請けの工場が並ぶ上海の裏通りを覗いて歩く。食べて飲んで喋って回り、ひたすら歩いて、どういうわけか路上の床屋で散髪して帰ってくるのである。

「だいたい、中国人のトンカツ屋ってのがヘンですよね」と、大学院卒のフリーターはいいところを突く。そうなんだ。新橋旧闇市の台湾レストランでも横浜の中華街裏路地でもない。北池袋のトンカツ単品食堂で稼ぐ漢人たち。このミスマッチ感が上海浦東のサイバー新開地を脳髄に閃かせた。玉子の乗った最後のカツレツ一切れを口に放り込んで、人間やっぱりもう一回胃袋から考え直さなきゃ、と肉が腑に落ちた。

ヘンといえば、今日はたしかにヘンな会社だった。「毎日毎日、ボクらは鉄板の上で焼かれて〜」東京の裏道ばかり歩いているけれど、特に怪しい場所だったと思う。

ノースウエスト池袋

地下道をとぼとぼ歩いて端にある東武の北口から這い上がって、左に丸井の見える五叉路まで行く。この辺りがもう新宿歌舞伎町まがい、そのさらに裏の臭いがした。ここを向かいの群馬銀行を見て右へ折れる。左へ行けばテレビ番組「池袋ウエストゲートパーク」以来、妙な形で脚光を浴びた西口公園と東京芸術劇場。だからこの通りを「劇場通り」というらしいが、およそ似合わない。右、つまり北へ行けば行くほど、コーヒーショップもファストフードもなくなる。右手にボウリング場のある「ロサ会館」。これは歌舞伎町でいえば風林会館とソックリだ。つまり横に並んだ闇市のバラックを暴力と利権そのままに縦にしたようなもの。この間までは最上階にグランド・キャバレーがデーンとあって、ナントカ興行の方々が思いきりデカイ態度でくつろいでいらした由緒ある場所といった雰囲気である。昼間は建物全体がダラッと昼寝している感じだった。まあ、私には「劇場通り」より落ち着くけどね。こっちの方がホンマもんの「激情通り」だから。

こんな場所に出版社なんてあるのか、と地図を手に六車線の通りを左側へ渡り、脇道へ入っていく。まず薬局。これは風俗街門前町の狛犬のようなもの。とすると……やはりあるある。バー、スナック、風俗店、キャバレー、クラブ。その間のラーメン屋と焼肉屋、さらに奥にはホストクラブ(これもホステス慰安の定番)と来て極めつけ、山上の本殿のようなラブホテルのネオン輝く聖林も見えてきた。

夜の街がさらした真昼間の素顔だよ。化粧を落としたスッピン、このダルイ空気がたまんないねと口を滑らすと、西田くんが「先輩ここですよ、ここ」と振り返って言う。「朝っぱらから困ったおっさん」って顔だ。目の前には学習塾の建物。めざすビルはその隣にあったのである。

一階はテラス付きの寂れきった中華レストラン。辺りはラブホテルに次ぐラブホテル。この七階に、上級国家公務員などなど高難度資格専門の受験出版社があるなんて想像もつかない。照明を落としたエレベーターの中、通路から共用廊下まで、すべてがダークグレーのモノトーンでどんよりと冷たい空気が漂う。狭苦しいオフィスに入れば、部屋中が資料を積み上げたデスクでいっぱい。窓のない地下倉庫みたいな部屋で、頭がエコノミークラス症候群になりそうな地方公務員試験問題ばかり八時間も解かされた。外階段にへばりついて社員たちがタバコをふかしている。ホテルの壊れた看板や風俗ビル屋上の小屋しか見えないだろう。汚れた絨毯が敷かれた玄関を行くと天井までのミラーの前に造花がくたびれたまま。ホールの壁も黒い人造大理石風だったり、どこを眺めてもバブル時代の水商売ビルが転売された化粧の跡がボロボロ剝がれてしまう。

「ラブホの遺跡とはいい環境だよな。公務員試験の参考書づくりにはピッタリだぜ」

「こういうエロい路地が広がる街って、南米には必ずあるんですよ」

まずい生姜焼ランチを食べた昼休み、真正面のホテル一階にあるレストランでカリブ海の文化人類学が専門の西田くんと話す。島々をうろついてチャイナタウンに妙な興味が湧いてしまったという。学問も人生も横道に逸れた奇特な男だ。中国語も堪能である。広告代理店出身者が書いたと一目で分かる小説『池袋ウエストゲートパーク』の向こう側に広がっているのはこういう街なのだ。

北関東の入口

「埼玉県の首都」。六〇年代の終わり頃、東京の西の方で育った高校生たちは池袋をそう呼んでいた。西武美術館やアール・ヴィヴァンやスタジオ200ができる前の時代である。

「映画館くらいだったかな、行くのは。ジャズ喫茶もぱっとしない。西武文化がすべて消えて、その池袋に戻ってるような気がする」と言うと、「でも、東京の人文系研究者が一番通う洋書屋がジュンク堂ですよ、今じゃ」と院卒らしく応えた。

そんな昼メシ時の話を思い出しながら、トンカツ屋を後に安っぽいジルコニアがぶちまけられたような池袋の宵闇に出る。

からっ風の先触れみたいな突風が通りを吹き抜けた。この道を北へ突き抜ければ川越街道にぶつかる。そして関東の奥へ向けて東武東上線、埼京線が扇状に広がっていく。埼京線が湾岸まで延びてから、池袋は「北関東の入口」になったのかもしれない。そういえば群馬銀行のネオンサインが見えたな。その先に上野の赤札堂が店を出しているのは、ここが浅草―上野文化圏の西の端だったからなんだ。深夜、赤羽のインターネット・カフェにいた西田くんは、山谷から流れてきた建設労働の手配師に声をかけられた。

「もう山谷じゃ食えん。これからのお客さんはあんたみたいなフリーターさんよ」。トンカツ屋の中国人たちもどうやら湘南新宿ラインに引き寄せられて北上したらしい。

巨大ショッピング・モールが進出した北関東では陰惨な犯罪が続いている。そんな厳しい冬のブルーズが北から聞こえてくる。

06 牛込柳町の詩心

今年の冬はめっぽう寒い。
それでもフリーターは今日も歩いている。

フリーターたちの食物連鎖

この頃は自転車やバイクを使う人も増えてきた。クライアントがどこも地下鉄の駅から遠いからだ。車で来るフリーターなんているわけない。デコボコの都心は地域格差がべらぼう、特に西側はすごい。出版関係の小さな下請会社もその谷間にある中古マンションに移ってきた。どこも駅から歩いても一五分以上のところばかりだ。

何人も東京二三区の端っこに引っ越してきた。そのマンションだって駅からけっこう遠い。徒歩二〇分以上。それでも時給がいいから都内にしがみつく。四〇代の夫婦そろってフリーターで、小学生と中学生の二人子持ちの総勢四人が、どうにか豊島、板橋、北、台東辺りに住もうとガンバルわけだ。なんでそこかって? そこら辺りが山手線の辺境、door to door の総計一時間で通える崖っぷちだからだ。

交通費なし、残業代もなし。それでも遅くなって終電に間に合わない仕事場が多くなっている。

そんなワケで夫も妻も二輪でガンバル。小学生の子どもたちも塾に行けないから通信教育でガンバル。その教材を作る下請ライターを母がして、ずっと裾野の校正アウトソーシングを父が受けている。それでやっと教育費を捻り出す。そういう「タコが自分の足を喰う」ような食物連鎖生活である。

ところが山手線の内側は尾根と谷ばかりだった。朝から地形を考えずにチャリンコを転がすと、とんでもないことになる。いきなり崖みたいな坂に出くわし、それで地下鉄の倍も時間がかかって、一分遅れても三〇分単位でギャラが引かれちゃかなわない。だからギアを入れてよじ登る。一月なのに汗だくでクタクタ。着いたら一〇分は仕事にならなかった。

本日の出張先、牛込柳町もそんなところだ。江戸の大名や旗本が屋敷を連ねたという牛込の高台に向かって、自転車で東の神楽坂から登っても、南の曙橋から新五段坂を上がっても辛かった。オレたちは高級輸入二輪なんて手も足も出ない。漱石こと夏目金之助少年が西の早稲田馬場下から神楽坂の寄席に通った地蔵坂ときたら、本物の断崖絶壁である。明治の初めにあいつは子どもだったからいいが、文豪があの世に逝った歳はもうとっくに過ぎたんだよ、オレたちは。

シャッター街を行く路線バス

それで今日は朝から新宿駅西口発・練馬車庫行のバスに揺られている。車という車にとっては新宿一帯を抜けるのが鬼門である。そんなことは転職したてのＮＡＶＩも読めない新米タクシー・ドライバーだって知ってるだろう。だから二〇分も早く家を出た。

西口から出たバスは歌舞伎町を左に見て靖国通りを通過する。曙橋まで三〇分はかかった。やっと着いた坂の底からぐい〜んと左折。薬王寺の方へ迫り上がる急勾配を、車体をギシギシさせながら這い上がったとたん、右手に「The Center Tokyo」と書かれた超高層マンションの大看板が目に飛び込んできたのである。

天下の防衛省通用口と第五機動隊さまの入口が細い上り坂に並んだその隣、ここはたしか国際協力事業団の古ビルがあったはずだ。そのレトロモダンがキレイさっぱり消え去り、仮囲いに取り巻かれた上で巨大なクレーンの鎌首が何本も動いている。

こいつはまるで「大怪獣メカキリン」の群れってとこだ。こんなところが「東京のセンター」。悪い冗談だろう。そうか帝都を護ってくれるありがたい防衛と警察の高官さま用の超高級マンションってこと？　動くメカキリンを見上げてよけいな妄想にはまっていると、たちまち目の前が二車線になって、またまた渋滞しはじめた。

あと一〇分しかないぜ。窓の下に眼を投げた。ちぐはぐになった変な形の五叉路である。見渡してもベンツなんか一台も見えない。足立や練馬ナンバーの工事車両ばかり。このタワー現場の何次下請なんだか。その先の霞の中、裏寂しい通りにバスは向かっている。左右に歯の抜けたような更地がボロボロ現れた。残った店の半分以上もシャッターが降りている。すっかり老衰した道筋が続くのである。

排気ガスに酔う

「すべての橋は詩を発散する。小川の丸木橋から海峡をこえる鉄橋にいたるまで、橋という橋はすべてふしぎな魅力をもって私たちの心をひきつける――」

エンジンを止めてバスが動かない。忽然と頭に浮かんだのは開高健の言葉だった(『ずばり東京』一九六四年)。悪酔いの小説家は、保田與重郎『日本の橋』に回し蹴りを入れるようなセリフを呟く。高速道路の高架下で「詩心」を喪った老日本橋の窮状を嘆くのである。そうやってオリンピック直前の東京ルポを始めたのである。

小学六年生のこっちには、オリンピックのポエジーは市川崑の記録映画じゃなかったよな。三波春夫「東京五輪音頭」に決まってるぜ。あれには東京音頭+植木等+赤塚不二夫のバカバカしさが爆発していた。

あれから四〇年後のこちらとしては、「すべてのシャッター街は詩を発散する。屋根のトタンから下水溝の蓋まで錆びたそれは、すべてウソ寒い魅力をもって私たちの心をひきつける」と言いたい気分になってしまうのである。

今日の場所が一見の相棒二人は、この寒中に大江戸線牛込柳町駅を上がった狭い歩道でオレが来るのを待っているだろう。バスはまたまた交差点で足踏みしている。いっそ降りて走ろうかと思ったが、東京のバスは途中で降車口を開けてくれない。思案するうち、ここらが六〇年代から交通渋滞の名所だったことを思い出した。

紙メディアの全盛期にこの外苑東通りは、都心の新聞社や出版社と新宿文京から王子板橋にかけて広がる印刷や製紙の大工場を結ぶ最短ルートだった。締切日が近づくと一日中とてつもない車の洪水にさらされる。特に、六車線がいきなり二車線に変わる薬王寺町から柳町にかけての七〇〇メートルくらいは、ものすごい大渋滞になった。その真ん中が大久保通りと交わる柳町の交差点だったんだ。

この通り沿いに住む人たちが排気ガスの損害賠償を求めて裁判を起こしたとうっすら憶い出した。アイドリングし放題の時代、排ガス規制もない頃だ。それから三〇年も経った今、結局のところ道路拡張で辺りの商店街が消滅していく。バスの窓からハダカの地面が剥き出しの街を見ていた。

なんだか割りきれない。気管支をやられてまで小店をやりくりしてきたのに、戦後に借金して建てた店をぶち壊されて小綺麗なマンションの一室に放り込まれてしまう。そこに住みたいのか。降りたシャッターの向こうでまだ暮らす老夫婦や息子たちの表情が目に見えてしまう。くたびれ切った二一世紀東京の「詩」はデコボコになったシャッターの表面にあるんじゃないの、開高さん。

排気ガスに酔ったのか。おいおいこれから仕事だぞ、と自分に呟く。だからツブれちまった自営業者の成れの果てはいけませんね。もう五分しかない。と思ったらバスが動き出した。

交差点まで来て、落ち着かない二人の姿が目に入ってきた。ドアが開くが早いか跳び出して叫ぶ。

「すいませーん！」

焼餅坂の鰻屋さん

バス停から転げるように走った走った。なんたって最近はフリーターにもタイムレコーダーがある。カードを落としたとたんに、カチッと10：01に変わった。大久保通りを神楽坂方向へ少し行って左に折れてすぐ、北山伏町の路地裏のビル二階の編集制作会社である。介護ケア系専門学校の入学ガイド本一冊三〇〇ページを三人がかり一日でチェックする仕事だった。

「おはようございま〜す」と声をかけても、どこからも返事がない。みんな正社員のように見えてもほとんど派遣だと、こんな感じなのだ。それが分かってきた。スーツを着てパソコンを打ち、OLみたいに電話を受け、自分のデスクに坐っているように見えても、まるで空気が薄い。そういう雰囲気の会社がこの数年でずいぶん増えてきた。

六〇歳に手が届きそうなベテラン校正マン氏と、四〇歳の壁を向こうへ押しやろうと踏んばっている元無免許保母さん。この三人で酸欠しそうな中、現れた社員さんとどうにか打ち合わせをすます。ガヤガヤと話しながら内容とコツをつかんだところで、午後一時の昼メシになった。

「神楽坂の方に行きましょうよ」という女性を「だって片道一五分はかかるよ」と渋々納得させ、三人は柳町に向かう。交差点に斜めに交わる「焼餅坂」という通りの先に、数十年前に建てられたと覚しき年季の入った鰻屋さんがあった。たしか何カ月か前の夏の夕方、練馬の工場から帰るバスで見つけた時にはまだ明かりが点いていたはず。年寄りが焼く蒲焼きの薫りがバスの中まで匂ってきた。今はやっているのか、外からでは分からない。歩き疲れた果てに入ったのは、大江戸線開通でできたらしい店構えだけは派手なパスタ屋さんである。

「ウーン、この辺でこの値段では百歩譲ってしょうがないか」というキビしいグルメのご意見を聞きながら、今日もまたお定まりのコーヒー・ショップで和むのである。

「この辺の裏通りのどっかに、金子光晴が死ぬまで住んでいたはずだよ。六〇年代の最後だったかな。例の詩人爺さんだけど」。「オレのいた出版社の雑誌で、裏庭の縁側で孫を抱いてる姿がグラビアに出てたんだよ」と、ベテラン氏は洩らす。

「へー、あの『どくろ杯』のですか?」と、パスタの茹で方がまだ気になって仕方がない女性も侮りがたい文学好きである。

そのモノクロ・グラビアなら、生意気な高校生の私も見た気がする。この坂を入った奥の方、木の塀に囲まれた日当たりのよくない、手入れもされていない小さな庭で、ドテラを着て幼い孫を膝に抱えた詩人のシワの多い横顔。戦争がイヤだった人の小さな眼が瞼に残っていた。あの閉じられたシャッターの裏側の闇から、角の鰻屋さんで焼かれた串焼きを買いに来る瘋癲(ふうてん)老人の影が浮かんできたのである。

これこそが、黄昏れたCenter of Tokyoの詩じゃないか。

07　神楽坂崖下の痩せ犬

夕陽のアンダードッグ

谷底の町に夕陽が沈むスピードは足萎えの犬の歩みより速い。

東西線神楽坂駅の中野寄り改札から上がると、早稲田通りを神楽坂の方にちょっと戻る。この左側、つまり江戸川橋へ向かう北の斜面にへばりついた家並みを剝ぎ取ってしまえば、この通りは「尾根道」だ。江戸の頃には、神楽坂下の牛込見附から上り、花柳界の賑わいを過ぎて、毘沙門天、赤城神社と寺町を流すと、さぞ寂しい細道だったんだろうな。

通りを渡った矢来町で生まれ育った「色川武大」の隣に「アイザイア・バーリン」、その隣には「花田清輝」なんて、ちょっと気の利いた並べ方をする人文系本屋の前の歩道は、ママチャリが通れないほど狭かった。

痩せ細った犬を見たのはその時だ。ヒョコヒョコと後ろ足を引きずって、こっちにくる。江戸川橋に落ちていく谷の向うに盛り上がる丘が浮かぶ。椿山荘の明かりが灯る目白台から夕闇が満ちてきた。その吃水線が、野犬の背を切ったように分けている。背骨を境にして左側はオレンジ色、右は真っ黒である。粗い呼吸で肋骨が浮く腹の肉が揺れていた。

その犬の目を見ながらすれ違うと、駅裏の道に回り込んでひたすら落ちていく感じだった。坂を下る、なんてノンビリしたものじゃない。背中を誰かに突き飛ばされたように足が勝手に回転した。オイオイオイ、止まらないぜ。

その中腹あたりに今夜のギグの場所がある。ネットの噂じゃ廃工場らしいが。あるはずだよな。イベントの主催者サイトからプリントアウトしたマップを眺めても、この暮色に眼が慣れない。

オットットとタタラを踏んで見渡すと、二階、三階、四階建てくらいの製本屋、下請印刷工場、組版制作屋ばかり。斜面一帯にダークなスレート張りの古ビルが広がっていた。その看板の字も読めない。もう夜なんだ。インクの匂いのする雑誌や本を束ね、数百冊も木台に載せて運ぶフォーク・リフトが疲れ切ったラバたちに見える。ヨロヨロとくねった坂道沿いに一〇台以上がそっと道端に眠っている。

町ごと潰れたのか。シャッターが並ぶ道の片隅に、ここにいるはずのない真っ黒い風体の連中がゾロゾロいた。ノイズっぽいアート系か、コアなパンク野郎か、いずれ貧乏系の皆さまだ。ヒッピー、ラスタとはちょい違う。

ノイズが降る廃工場

こんな言い方しても、日本語は完全に部族語化しているから、そのトライブ内の連中にしかニュアンスは伝わらない。オタクやギャル系だけじゃないんです。代理店系、製造業系、ＩＴ系などなど、会社の方々はもっとパターン化した符丁で動いている。この国はそういう「部族社会」がグジャグジャになった成れの果てなんだろう。

オレたちは、このバラバラのままヤバい方へ引きずられてるんじゃないか。共通語めいたものは、TVバラエティーの吉本型関西弁か、ジャニーズ語しかない。誰にも言葉が通じない。イラク戦争はアメリカが勝手に始めている。こりゃマズイぜ!? だったら、その手前のノイズから行くか。

——というような(たぶん)連中が集まる「殺すな!」ギグは、油だらけの床に足を踏み込むともう始まっていた。土石流の真っただ中にどうにか引っかかった岩か、みたいに見えるボロビルの三階から、油の切れた印刷機械の悲鳴とハウリングするスピーカーがケンカして怒鳴り合うように轟音が降ってくる。

飛び乗ったエレベーターはやたら広くて頑丈、ゴトンゴトン動くフォーク・リフト用だった。会場は真っ暗、天井は高く、壁が厚く、どこにも窓がない。もちろん椅子なんてない。ブラウン運動する反響音には最悪かつ最高の音環境だ。薄汚れた工場フリーターを一〇年もやって、こんな場所に自分は慣れている。このぶっ潰れた印刷下請の牢獄現場が、若いノイズ・マニア連中にはロウアー・マンハッタンのロフトに見えるんだろうな。まあ、アンダーグラウンド・バロキズムというべきか。

それが正解だよ。なぜなら一九八〇年代にニューヨーク・ノイズを生んだロフトは、見棄てられた廃ビルそのものなんだから。

屋根裏の「成金マガジン」

これがもう三年前のことである。

「ここって、あの時のオンボロ工場のすぐ側ですよね」

ファックスされたGoogleマップの真ん中、今日の現場を私が指すと、相棒の改造ギター野郎が応える。彼は三年前のライヴに出ていた。本日の発注はこの二人だけ。三年前のあの場所からもっと下った「地蔵通り」という、昔どこにでもあったような名前の商店街に出る手前だ。五階建てビルの現場は、ほとんど違法建築に近い屋上のプレハブ小屋だった。

渡されたのは、すばらしく怪しい雑誌の再校ゲラである。中身は怪しいどころじゃない。犯罪勧誘すれすれの記事が満載された起業ビジネス誌一号分、二百数十ページをたった一日で見る。どう引っくり返しても二人で一二時間以上かかる仕事だ。赤字訂正で真っ赤っか。年に一、二度来るこの小屋は、夏場は西日を浴びてめったやたら暑く、冬は目白台から無情に吹き下ろす北風を受けて、男でも膝が震えるほど寒い。エアコンなんて頭上の空気をかき混ぜるだけでロクに効かない。四月なのに寒くてたまんないのである。

「ムチャクチャ危ないっすよ、この雑誌」とギター男は盛んに話しかける。彼がうるさいのはギターだけじゃなかったか。

なんたって表紙を開けたとたん、「本誌の内容は法に触れるものではありません。アメリカ商務省が一九八六年に認可した――」なんぞと掲げてある。後ろのページに並ぶ「絶対確実」と謳ったギャンブル勝利本の広告の方は「ネズミ講」そのもの。アメリカ製ビジネス・モデルを語る白人男の写真が不気味すぎるつくり笑いを浮かべている。

「名前がハンパないすよ。『成金マガジン』だってさ⁉」

「オマエ、なー」と先輩としては小声でささやく。

「いくらクライアントの人間がいないからって、この壁じゃ話が筒抜けなんだよ。そのファズ（歪んだギター音）みたいな声がさ。音響派みたいにすこしは静かにしてろ。第一さ、今どき日本のどこにまともな雑誌があるっていうんだよ」

こっちも口が滑った。いつ担当者が顔を出すか知れたもんじゃない。昨日お茶の水の某老舗書店に寄った時、人文書の棚がたった横一メートルしかないのに怒り狂ったから、つい声がでかくなった。高校の頃からレコード屋と本屋に行くのだけが楽しみだった。家や車のローンでヒーヒー言ってる連中を尻目に、オレたちはそういうバカな生き方をしてきたんだよ。

「ヒエー、だから話せるんだよね、先輩って。その齢じゃジャズがいいとこでしょ。ロウアー・イーストサイドのノイズ・エレクトロニカなんて知らないよ、普通のオッサンはさ」

また話が弾んでしまった。非常階段を昇ってくる靴音が「カンカンカン」と響く。一階が配送部門、二階と三階が印刷工程、四階がプリプレス・センターで、五階に進行管理チームが入る。そのプリンターから吐き出されたゲラを持って女性編集者がキンキンカンカンやって来る。

なんでこんなところでパンプスなんか履いてんだ。ヤバイんだよ、あの娘は神経もキンキンしてる。ゴキジェットかけられたゴキブリみたいに、今日も這いつくばって働こうぜ。

崖の下で五目ソバを喰う

最終校了日なのに相変わらず「後送原稿入る」ばっかりだった。一年前に来た時と違うのは、「ネット株で儲けろ！」とかいう小汚い飾り文字が狂ったように踊るページが、また一段と増えたことだ。

六本木のタワーにいたホリエさんも、荒川沿いの巨大代用監獄だか、東京地検の地下室だかで震えてるだろうに、さすが五流の「成金マガジン」。ダサかろうが、イカガわしかろうが、一冊二七〇円で一攫千金。この貧乏地獄から這い上がろう——なんて妄想を煽れるだけ煽り放題だ。

誰がなんと言おうと国家公認のサイバー・ギャンブル時代、今を時めく竹中金融大臣が仕切る賭場なんだから「なんか文句あっか！」。どっかの雑誌のかっぱらい記事めいた大ゲサな儲け話が、誌面のそこら中にブチまけられている。それで結局のところ、投資コンサルティング・サイトへの勧誘に話は落とされていくという仕掛けだ。これがまた系列会社が運営してるらしいんだけれど、分からないようになっている。

「ネット株とか、やってるの？」

八時を越えてようやく夕飯に出られた地蔵通り裏のラーメン屋で、ヤギヒゲ男に聞いてみた。工場街の曲がりくねった裏道には、こういう老夫婦が暖簾を出す油ぎった小店がポツンとある。

「金もないけど、興味もないっすよ。そんなヒマあったら、好きなミュージシャンの音源ゲットするか、ライヴ行きますよ。なんか仕掛けられてる気がして。変な音出してる方が、ボクは全然燃えるから」

「三年前のあのギグだけどさ。ラップとかテクノとかクラブとか、音の世界もなんだかんだ部族化して面白くなかったろう。全部グシャグシャにして音が立ち上がる形っていうか、いちから共通語を創りたかったんじゃない。そこから『殺すな！』って声も上がるわけさ。またやってくれよ」

「そうすねー」と五目ソバを待ちながら、彼は呟く。

「あれから、なんかインチキなトライブに閉じ込められてるみたいで、言葉も、音も、なんでも一種類しかなくて気持ちが悪いすね」。吉本語も、ジャニーズ語も、小泉語も、にわか坊主のお経みたいに聞こえる。だから、今度は違う音の作戦を考えようと思ってる——と言った。

「ハイ、五目ソバ二丁」と腰の曲がったオバアさんが手を伸ばした。これが喰いたかったんだ。ラーメンに追いやられて消えてしまった五目ソバが、こんなところで生き延びているなんてね。

目の前でハシを割ると、曇ったガラス戸の向こうに、三年前にすれ違った痩せ犬が足を引きずりながら坂を降りてくるのが見えた。片目がない——。

08　東銀座でＣＲＭに誘われて

雨の新富町

雨が降っている。

一二階にある部屋の中の誰もそのことに気づいていない。積み上げられた紙の束にみんな首（こうべ）を垂れている。中世のスイス、ボーデン湖に近いザンクト・ガレン修道院の奥まった工房で黙々と羊皮紙を刻み続ける写字生たちのような総勢六人。宗教画の世界だ。髪の毛はまだあるが、まるで神への敬虔な祈りである。

雨が降っている。

天井から床まである強化ガラスの窓、そこから見下ろす視線の先。下の舗道で小さく傘の花が動いている。ランチタイムが始まったらしい。首都高速もこの辺りじゃ江戸の掘割の底を突っ走っている。遠くから眺めると、その上に蓋がされて空中庭園ができていた。長い橋の上の庭。その周りをオレンヂ、ピンク、黒、赤、イエローの傘たちが急ぎ足で行く。

そっちは銀座か、たしか歌舞伎座の方角。そうか、だからＯＬの皆さんは派手な色合いのアンブレラ・ダンスなのか。こんなものをじっと見ているのは部屋の中で自分だけだった。みんな何を祈ってるんだろう。二カ月払ってない家賃の免罪符かな。小学四年生の子どもの塾代が天から舞い降りる奇蹟か。書きたい本の自腹取材費なのか。カード金融の利子だけでもなんとかするから、「もうドアに蹴りを入れないでくれ」なんていう悲鳴も聞こえる。

するとと自分の腹が悲鳴を上げた。それをガマンして

「雨が降り始めたみたいだから、皆さん、止むまで昼メシをズラしませんか?」

とたんに顔を上げた五人の一〇個の眼球が窓から空へ飛んでいく。魔法のランプから湧き出たジーニーさながら、真っ黒い雲が日本橋辺りから膨れ上がって新富町を襲うのが見える。その長い影が高いビルの壁を斜めに過ぎると、膨れ上がって首都高速を渡っていく。

「こりゃ、けっこう降るけど、上がるのも早いな〜」と、ホントに頭頂部の淋しくなった修道士の一人が厳かに告げる。彼は二五年間にいくつも編集プロダクションを渡り歩いたあげく、ページ単価が半年毎に落ちていく世を儚んで、私たちの「修道院」の門を叩いたのが数カ月前である。福島かどこかの訛が語尾にブレンドされている。四月には、大学を出たばかりの一人息子もこの信仰の道に加わったとの噂だ。

「そうだ、どうせなら築地の市場まで行こうかな」

「でも、場外まで一〇分はかかるわ」

「いいじゃない。あんまり来ないわよ、ここまでなんて」

「でも、どんなお店があるの?」

たちまち三人の修道女たちの声が艶めいた。回廊に囲まれたベネディクト会修道院の静寂が吹き飛ぶ。目黒川裏の古いアパートに住んで食べ歩きブログを綴る元ロハス系雑誌編集者。四年前まで中国・山西省の山間の学校で教えていた日本語教員。去年カナダでイタリア人のカメラマンと結婚して吾妻橋の実家に戻ったばかりの元NGOスタッフ。築地と聞いて、たちまち舌と喉を通っていくマグロ赤身の旨みが染みるこちらも、とても清貧の修道士なんて柄じゃないが。

会議室ドアの向こうから担当者さま二人の話し声が近づくと、一瞬にして信仰篤き写字生たちの工房が甦った。みんないちおう「大人」なんである。

修道院と養魚場

雨は止まない。

この辺りには建ってから四〇～五〇年になるビルはざらにある。「戦後」なのである。概してそういう建物の方が天井が高いし、壁も床も厚い。それなりにモダンな意匠も凝っている。案外な建築家の忘れられた歴史的作品なのかも知れない。腕に覚えの大工が腕をふるった細部も見えてしまう。そんなビルに出くわす。

このビルもそんなところだ。建築探偵たちが訪ね歩く「近代の産業遺産」ってほどじゃないが、誰かの亜流なのか。年代様式のゴチャマゼ感がメチャクチャで面白い。ル・コルビュジェ風のピロティが吹き抜けたビルを外から見ると、床から立ち上がって穹窿（きゅうりゅう）状のアーチを描く窓がゴシック建築のように整然と並んでいる。そのうえ円柱はドーリア様式。螺旋階段はアール・ヌーボーで、梁や幅木の細かい装飾にいたっては、和洋中のもう何がなんだか分からない。

それでもここは「異国」なのである。ざわめく声は高い天井に吸い込まれ、分厚い壁や重い床に遮られる。この数年、激増した超高層タワーで仕事をしていると、趣味のよくない田舎の新築ホテルに詰め込まれているように感じていた。「なんだよ、このキレイで薄〜い空気は」。どんなにテカテカなメタルとガラスを貼り付けても、窮屈な「カプセル恐怖症」が体を包んでくる。そういう居心地の悪さはここにはなかった。

たぶん、この会社が広告宣伝業界の老舗だからだろう。戦後にミエを張って建てたモダン建築には違いない。そんなハンパな修道院めいたところで、それでも写字生たちは鞣（なめ）した羊皮紙の隅っこに落書きでもしたくなる。いや、クライアント様々の大事なペイパーにそんなことはできっこないから、休憩を兼ねて小声で語り合う。朝からかじり付いているのは、一〇〇〇ページをラクに超える広告産業年鑑である。

「ＣＲＭってなんですか？」。山西省の山深い谷間の村が懐かしくてたまらない女性が聞いてくる。みんなでガヤガヤしているうちに、特集ページの頭の辺りをチェックしていた私にお鉢が回る。

「アメリカで開発された広告戦略らしいよ。カスタマー・リレーションシップ・マネジメントの略称で［顧客導線管理］とかって訳されてる」。どうも一〇年くらい前に欧米で一気に広まって、すぐにこの国の業界も飛びついてはみたが、ポスト・バブルの不況真っただ中で技術インフラもなくて全然相手にされず、今こそ「売り」の広告商品ってことのようだ。

「なんだか分かんないよ」「だから、それで実際どういうものなの？」「この文章でいいのかな」。

あちこちから嵐のように疑問符が飛んできた。

例えば地下鉄の円柱貼り大ポスターに目を引かれた消費者の皆さまが、そこから携帯の無料情報サイトに釣り上げられる。そこで、家に帰るとさっそくパソコンのドラマっぽい動画広告ページに飛ぶ。テレビCMと連動したストーリーを眺めているうちに、そこに現れるショップやレストラン、小物やコスチューム、リゾートに車、時計やジュエリーをクリックしたくて、下半身がウズウズしてしまう。――そんなものらしい。

「いやいや、こりゃマズいわ」。そう思ってキャッシュ・カードの残りを思い出しつつ頭を冷やしたところで、翌日にはビルに張りついた巨大映像ボードに、電車のボディーにシールされた映像に、またまた誘惑されてしまうのである。要するに、携帯やネットのサイバー空間と、空の上から交通機関や地下道まで街の空間をダイレクトに結んだ、「トランス・メディアな宣伝手法」だと仰々しくのたまわる。

「つまりなんというか、こういうことだろう」。上から見ると、ベネディクト会とはちょっと宗旨違いだがフランシスコ・ザビエルそっくりのオジさんが引き取る。

「小魚なんだよ、オレたちは」

なるべく流れに逆らわず岩だとか水草の間を自由に泳ぎ回っているつもりでも、あちらこちらに擬似餌だとか、ルアーだとか、凝った仕掛けにぶつかっちゃう。一度入ったら出られない箱網なんかが川底に転がってるわけだよ。もちろん好物の撒き餌もフワフワと降りてくるのさ、流れの中をね。小魚たちは海か大河だと思って泳いでいるけれども、そこはデッカイ網で仕切られた養魚場なんだよ、実はさ。死んだ魚や食えない雑魚は捨てられちゃう。適当に美味しくなったところで、ゴソッと持っていかれたあげく、そこの築地の市場に並べられて安楽死。気がつくと胃液の中でハイサヨウナラ。

小声でも、あんまりしゃべると腹が空く。下を覗くと傘の花が閉じられていた。雨は遠のいたらしい。もう一時をとっくに回っている。

場外市場のカレーうどん

ガタガタ動く蛇腹式ドアの古くて重いエレベーターで下に降りる。雲のすき間から陽がカーテンのように射している。首都高速に蓋をした空中庭園には若葉が輝いていた。ビルの出入口チェックが厳しい。ゲートが並んでる。改札をSuicaで通るように、ゲストカードをタッチさせなきゃ出られないのである。ガードマン五人と監視カメラ七台の関所を抜けて、築地場外市場の方へ六尾の信仰深き小魚たちは向かう。

文京区のどん詰まりで印刷工場に三年いたというロン毛の若い人も含めて、男たちの頭の中は、カニ、マグロ、ウニ、エビの艶(なまめ)かしい姿態がグラビアアイドルみたいにグルグルしている。「一〇年くらい前この辺で仕事した時は、そこの寿司屋、並んで待ってるうちネタが切れて結局口に入らなかったからなぁ」。腹の空き方がもう限界である。

「でもちょっとね、いいトコあるのよ」と、歩きながらロハスお姐さんは意味ありげに語るのである。すると西本願寺別院を左に見て、市場の狭い路地にズンズンと入って行く。一度迷って戻り、また別の路地をズーッと抜けると、薄暗い湿った道筋にムキ出しのカウンター席が一〇個ばかり現れた。寿司屋なのか。

「ここよここ。関西から来たカレーうどん専門店。東京にはないわよ。友だちのブログに紹介されてた。ユーロスペースのあの映画にも出てきた店なんだから」

オッサン修道士たちは色を失う。ここまで来たら逆らえない。マグロもカニもウニも、みんな消滅した。イタリアーノの夫に食べさせたいと、カナダから来た修道女も大乗り気だ。もう今日はここでいこうか、しょうがない。オヤジとロン毛たちの内なる諦めの声が悲しく聞こえたのである。

これってロハス生活なんだろうか。ネットに穿たれたＣＲＭの落とし穴なのか。陽の射さない市場の奥深い路地で、オヤジたちは悩みに悩んだ末に「カレー抜き肉うどん」を注文した。「ここは築地だろ」とザビエル・オヤジがボソッと呟く。一瞬「うどんはないだろ」という声が呑み込まれたのは間違いない。

私たちは、文字の神に仕える僕（しもべ）のそのまた下郎であり、かつ養魚場の迷路に迷った末に喰われちまう哀れな小魚なんである。

外ではまた雨が降ってきたらしい。

09 土曜の真夜中、小石川の工場で

土曜日の夜一〇時半過ぎである。地下鉄の後楽園駅を小石川の方へ上がる。東京ドームのイベントは終わっていた。古い商店街のアーケードを弓なりに左に曲がると、一人しか通れない歩道の暗がりが続く。休日深夜の旧道には車も人もほとんど通らない。梅雨が終わらない。汗に塗(まみ)れて急ぐ道の暗さに飽きた頃、やっと守衛室の灯りが見えた。

いつもトラックが出入りする石造りの門は閉まっていた。その右脇「時間外入口」と書かれた看板の下を潜り、アルミサッシの小窓を開ける。

「こんばんは。出張校正に来た者です」。突き出した顔をクーラーの冷気がフッとなでたとたん、噴き出した汗がカウンターの上にジャンプして落ちた。置いてある「社員外入構者リスト」の文字が滲んでしまう。

「入構時刻」って、いま何時何分なんだ？　ハンカチを左手に携帯を捜す指が踊っている。水分たっぷりの熱波にジーンズのポケットは貼り付き、ナップザックの中は夜気に紛れて何も見えないのである。

「ハイ、えーと二三時五三分ね」と、小窓から「ゲスト用」の緑のバッヂと一緒に慣れた声が飛び出した。守衛室の中、壁の掛け時計とオジさんの表情を覗いて、夜道を歩いた目に黄色い蛍光灯が染みる。「訪問者名、所属会社名、連絡先、訪問先部署、責任者名、要件」とカーボン紙は続く。「たしか四号館五階、デジタル製版事業本部検版課、原島さん、だったな」と独り言。自分を手配する会社の所在地や電話番号をスラスラ書けるフリーターはあまりいない。何社もネットで登録して、昨日と今日の手配元は違うからだ。

書きながらまた雫がボタボタ落ちる。広がる波紋、流れる水性インク。ウー、ティッシュが間に合わねー。受付台にへばり付いてモゴモゴしていると、「それでいいよ」と苦笑いする守衛さん。「そこの通路を右へ曲がって食堂の先が四号館、土曜だから暗いけど、黄色と黒の衝突防止杭がある入口を入っていくと、中にエレベーターが見えるよ」と教えてくれた。珍しく、ガードマン会社に外注される前の「工場の守衛さん」が生きているのである。

工場のカタコンベで

「どうも」と言うが早いか、小走りに駆けた。気が急いたのは、ここでも遅れるとギャラが差っ引かれるからだ。それも守衛室の入構記録じゃないんだな。各階に置かれたタイムレコーダーでカウントされる。

昭和初めに建って戦火を生き延び、高度成長で次々と増設された大工場はどこも動線がグジャグジャだった。二カ月前にも来たはずなのに迷う。「入ったら出てこれないよ」とここに来た人はみんなこぼしていたっけ。門からレコーダーの前まで五分じゃ着かないに決まってる。

もう五七分。二三時からの夜勤作業開始に間に合わない。パイプとダクトが絡み合う工場の黒い森の中、輪転機は止まり、空調は落ち、人の影もない。無表情な壁に通路灯だけが寂しく整列している。その食堂棟の横を走って四号館に辿り着くと、そこは洞窟だった。屍肉の代わりにインク溶剤が臭う「カタコンベ」（地下墳墓）である。

ここ一〇年くらいで、大きな印刷工場の社員が三交代で二四時間操業、土日祝日も正月も夏休みも休まないなんてことは全然なくなった。その代わり、その期間だけ契約や派遣の時間外労働がやたらと増える。「景気回復」とはこういうことである。

壁の汚れが妙な紋様に映る。若い頃のポール・サイモンは「預言者の言葉はニューヨークの地下鉄に書いてある」なんて歌ったよな。インクのシミが労基法違反で働かされた非正規殉教者たちのフレスコ画に見えたんじゃ、こっちも危ないってことか。

あと一分半。重いフォークリフトを載せる大型エレベーターが降りてこない。え〜いままよと、階段を駆け上がった。摺り減ったアール・デコまがいの階段。こいつを二段跳びで一気に五階までは、さすがにムリだよ。二階半の踊り場で一呼吸。すると、丸窓から西方向に聳（そび）える二〇階建てタワーが目に入ったのである。

かの我が国最大の出版社である。先週そこへ行ったな。あいつのとこか。幼稚園から大学まで一年下だった後輩の顔が浮かんだ。いやいや、大学じゃ一年抜かれたかも知れない。あのマジメな幼な友達には「大学戦争」なんてどこ吹く風だったろう。今や取締役らしい。エンジニアの父を継いで理系大学院に進んだから、科学書出版部門のトップだとか。

「人となりが居ずまいに現れる」なんて嘘っぱちだ。逆に「振る舞い」こそ人をつくる。とすると、千何百円の時給欲しさに工場の階段を大汗かいて駆け上がる「オレ」ってなんなのか？　窓から注ぐ月光を一瞥してまたダッシュ。それでも病気持ちでこの連続跳びなら、五十男としちゃ悪くないぜ。ピート・タウンジェンド（The Who）の「My Generation」よろしく走った。

真夜中の病気トリオ

タイムカードを押した瞬間は、ラグビーのトライそっくりに見えたと思う。先に着いていた二人が、飛び込んできた勢いに驚いて振り返る。カチッとカードをレコーダーに落とした刹那、「23：01」と数字が切り換わった。

灯の消えた真夜中の工場棟、薄暗い迷路の先に自動ドアが開き、ボーッと明るい部屋が浮かぶ。その先に畳一畳ほどの大きさのライト・テーブル（中に蛍光灯を組み込んだ検査用机）が四つ、ひんやりとした山奥の洞窟に群生するヒカリゴケのように薄緑色に光っている。コンピュータ化されて冷房が効きすぎ、工場はまるで鍾乳洞である。

「よう、久しぶり」

「僕はけっこう来てますよ、ここ」と、回転イスをこちらに回したのは金髪の小坂くんだ。高卒で二〇年ずいぶんあちこちの工場を渡り歩いてきた工場検版の手練れである。「半年ぶりですね。よろしく」と言いながら、テーブルの向こうから顔を出したのが、一〇年ほど前に美術出版社を辞めてライティング・フリーターに転じた堀田さんである。

「出稿が遅れてるらしいから、しばらく待ってて下さい」とのこと。たちまち雰囲気がほぐれた。鍾乳洞の中で汗が一気に乾いていく。

「最近、仕事どう?」。こういう時、非正規と呼ばれている連中の会話は当然のようにこの符丁から始まる。「オレは大してないけど、そっちはどうなんだ」「アンタもあぶれてるんだろ」「何かオイシイ現場でもあるのかい」「まあ一日仲良くやろうぜ」——。たった一言にこれだけの思いが詰め込まれている。つまりblood, sweat & tears. 高血圧と脂汗と血の涙が吹き出しそうな言葉だ。

小腹の探り合い、ヤケっぱちの貧乏自慢、脱力生活の密かな娯しみ、そして発泡酒みたいに薄い連帯感。小声でそんな世間話が始まる。

最近、契約打ち切りになった職場がいくつもあるという噂だぜ。特に出版社系がキツくなってるってさ。教育系のあそこは突然時給単価が半額になったらしいんだ。

ヒデーな。タマンねーな。別の大きな企業さんじゃ、とうとう発注に入札制が導入されるっていう話だよ。ホントかよ、それ。

蛍光灯のヒカリゴケに照らされた工場の洞窟で、不景気な話に花が咲く。それでもネットを見て、二〇代で一生教職待ちの人文系大学院卒女性が事務所にやってくる。外資系ファンドを弾かれた三〇代のオペラ狂いが、何を間違ったかこの商売に入ってくる。ギャンブルにはまったダンナが自己破産でホームレスになったらしい四〇代の二人の子持ちお母さんも流れ込んでくる。オファーは若いか女性ばかり。どうするんだ、どうなるんだ、オッサンたちは。

どうにもなんねえよ。

でもさ、この間の新聞で「非正規社員の賃金を正規並みに」なんて、なんとか審議会がブチ上げてたでしょ。あんなの通っても骨抜きに決まってるよ。ギャラアップの前に理由つけてオサラバになるだけさ。あんなこと信じるバカがどこにいるんだよ。

そういや、この頃どこに行っても契約の人がオレたちを管理する役だし、いつの間にかその人も肩タタキされて、「そっちの条件はどうなの?」なんて聞いてくるもんな。

ドサッと仕事が来た。

大柄で角ばった小坂くんの顔が妙に白い。ライト・テーブルのせいじゃないだろう。

「どうした、大丈夫?」

「下を向くと頭が割れるようで。首筋の血管がピクピクする」

中学の頃に父親が脳溢血で死に、兄貴も今の自分くらいの歳で倒れたから、明日さっそくＭＲＩの精密検査という。オイオイ、それなのに徹夜かよ。

「でも、去年子どもが生まれたから」

「私も血圧降下剤、飲んでますよ」と堀田さんが、仲間ができて悲しいようなホッとしたような顔で薬袋を出す。

悪いジョークだぜ、堀田さん。こりゃ不気味になってきた。私がＣ型肝炎だから、「花のオジさん病気トリオ」で土曜日の深夜一一時から日曜朝八時まで夜勤ってことかよ。

ライト・テーブルの黄緑色がますます気味悪く輝く。武田泰淳『ひかりごけ』の物語をこの二人は知ってるだろうか。追い詰められた洞窟の奥で難破船の船員たちが死んだ仲間の人肉を喰らうんだよ。さっきまでピート・タウンジェンドだったはずの私は、ギクッとした。

午前三時の休憩時間

夜中の三時に休憩タイムがあるなんて、普通のサラリーマンたちは知らないだろう。三年前から、その時間もギャラにカウントされなくなった。塩分と肉を避けた弁当をいつも持ってくる小坂くんを残して、コンビニおにぎりとお茶のボトルを手に七階の屋上に上がる。そこに、ちょっとした植込みと汚れた池を配した庭みたいなところがあるからだ。

北の方、目の前から左へ小石川植物園の森が黒々と眠っている。右のアーケード街の先には文京シビックセンターの高層ビルが薄青く立つ。その下が後楽園遊園地、今はラクーアか。背中の方角、工場敷地の奥へ坂を上っていけば、春日通りの広い六車線に出るはずだ。道路の拡張で、その辺りはもうすっかり一五階以上の高級マンション街になっている。朝のローテーションで茗荷谷から来ると、それが分かる。その裏通りで肺病患者の植字工、石川啄木が朽ち落ちたなんて、あの立派なマンションに住む誰が知るだろう。

「小坂くんの話だけどさ。あいつはデカくて金髪で顔もイカついから、みんなどう思ってるか知らないけど、けっこう優しい奴だよ。なかなかしゃべらないけどな」。誰もいない屋上で池の縁に腰かけて話し出すと、青黒い空に声が溶けていく。

「分かりますよ」。堀田さんも二年前には、高血圧で夜遅くなるからと、やっとありついた定期の仕事を降りている。以来、一年中あちこちを流れ流れる身だ。オレたちはみんな「夜勤は止めろ」

と別荘を持ってる医者に言われている。

生タラコおにぎりが妙にうまい。表面は似たようなマンションばかりの東京で、結局オレたちはこんな人肉みたいな物を喰いながら、なんとか生きている。このオニギリも埼玉か群馬の工場でオバちゃんたちが作ったものだろう。東京の土地のうねりには深い深い襞(ひだ)がある。その襞の内側に天国と地獄が見える。

こんな時間に植物園の方から工場に向かって生ぬるい山風が吹いてくる。五階にはまだ四時間分の仕事が待ってるぜ。

10　初台で猫男やベルーガになる

猫に濡れて

「ところで、あの猫どうなったの?」

遅い昼休みの寂しくなった公園のベンチで矢島くんに話が向いた。

「イヤー、やっと二匹もらわれていったけど、まだ五匹いますよ、もちろん」

「昨日の夜、水道橋の仕事で終電に間に合わなくて事務所に泊まったから、今朝急いでアパートに帰ってエサやって来たんだけど、大丈夫かな」

「ええ!　まだそんなことやってんの」

沢田くんと私の声が汚くハモった。西荻窪のアパートに迷い込んできた猫をかわいがっているうちに居ついてしまい、気がつくとお腹が大きくなっていたという。それが四カ月前だったか。隔月の雑誌の仕事を一緒にやってる仲間だから、たしか二号前の校了日近くに聞いた話だと思う。

それからが大変だったという。猫は二カ月ちょっとで出産する。見えなかった猫がフラッと帰ってきた時はもう破水寸前だったらしい。真夜中、部屋中にビニールシートを敷いて、その上にバスタオルを何枚も。それでも生温かい羊水や出血でそこら中グチャグチャになって、産まれたのが全部で七匹。そんなことができたのは、矢島くんが絵描きで、部屋が汚れるのを知ってて貸してくれた芸術家好みの大家さんだからである。中央線沿線にはまだそういう人がけっこう住んでいる。以来、自分が飼ってるんじゃなくて「猫屋敷の間借人」になった、と何度もノロケのように聞かされていた。

新宿西口公園の南の端から始まって、玉川上水にフタをしてダラダラ続く遊歩道みたいな公園。甲州街道とその上にのしかかった首都高速四号線の脇で、中途半端に整備されたまま東京オリンピック以来四〇年間も放っておかれたような場所だった。

いつまでも残暑が終わらない。茶色く変色したトチの木の葉っぱが目についた。顔を上げると、通りの向こうに東京オペラシティのタワー群がヌワーッと伸びている。初台、西原、幡ヶ谷といったこの辺りは、昔のオリンピック会場に引きずられて六〇年代に激変した街だ。その「三丁目の夕日」的な街並みが、今度は西新宿から津波のように押し寄せるタワーの波に圧し潰された。ベンチにへたり込むオレたちの遠近法も完全に狂っている。玉川上水を造った武蔵野の篤農家たちはどう思うのやら。

「猫が出て行っちゃうから窓も開けられないし、やたら音を怖がるから夜にエアコンもつけられないよ。そのうえ小猫の睡眠リズムは二時間くらいなんだ。ウトウトしたらたちまち顔に跳び乗ってくるんだよな」

迷惑顔がうれしそうに崩れている。三六歳の矢島くんは、だから仕事が終わるとマンガ喫茶で仮眠をとって、シャワーを浴びては朝早くアパートに帰る。そして窓を開け放って部屋中くまなく掃除し、消臭剤を撒き、エサをあげ、やっとのことで着替えしてまた仕事に出かけるという。

「それじゃ、絵の方はどうしてんの?」

また沢田くんと声がユニゾンしてしまう。

「いいんだよ。猫だってずっといるわけじゃないし、こういう時間も必要なんだよ」と、顔をクシャクシャにして笑う。

群馬の南西にある富岡で生まれ育った彼は手も足も髪も長く、歩くと立ち上がったペルシャ猫がギクシャク踊っているように見える。実際、腰も痛めているという。つまり「猫男」なのである。それだから、といっていいのかどうか、細くて勁(つよ)い線の流れを濃密に使いこなして、具象なのか抽象なのか観る眼が揺れるような情景を描くヤツだった。たしか三年くらい前に吉祥寺の画廊で観た絵は、ビルの谷間や屋根の上を行く小動物の目が見ている都会だった。

ペット産業の荒野

今日のランチはちょっと張り込もうや、ギャラもまあまあだからさ。そんなこと言いながら、やっと探した甲州街道沿いのイタリアン・カフェ。スープとパスタにサラダのセットは八五〇円だった。味は「う〜ん、どうもなー」としか言いようがない代物。

店を出るとサラリーマンやOLたちが去った緑道公園のベンチに三人並んで、缶コーヒー片手に猫の話になったのは他でもない。今日の仕事がペット動物がらみの資格を取得するための専門学校を紹介する情報誌だからだ。

ブリーダー（飼育家）、トリマー（美容師）、動物看護師、インストラクター、動物セラピスト、ペット栄養士などなど、およそ人間社会に限りなく近い資格ばかり。全国で三〇〇以上もある学校データのインデックスを、午前中ネット資料に照らして三人がかりで一つ一つチェックしていた。視力と「生きる力」をすり潰す仕事だが、編集室の隅で三人三様に思うところがあったらしい。

「動物資格の専門スクールって、東京だと葛飾、足立、北、板橋、練馬がほとんどだよ。どうしてこんなに北ばっかりに偏ってるんですかね」

と話し始めた沢田くんは、動物専門のカメラマンなのである。といってもそんじょそこらのペット様ではない。北極海はじめ秘境の海や湖に棲む水中動物たちが被写体なのである。どうにか資金が貯まると年に一回はそんなところに取材旅行に出かける。そのために三三歳で通信社の写真部を辞めて、四年間もこんなデスクワークをこなしている。ってことは、今日の人選は私以外アニマルがらみということなのか？　事務所もたまには味なことをやるもんだね。

「渋谷、新宿、池袋にももちろんあるけどさ。だいたいフランチャイズ化してるよね。おまけにデータを追っていくとさ、結局のところ、経営母体は関東平野の奥の方にでっかい飼育ファームを構えるペット産業がほとんどだったりするもんな」

私はどうしても金の流れに目がいく。

「そうですよ。種付け、成育、観光、エサまで販売する動物ファームにペットショップのチェーン、それに専門学校や動物病院まで経営すれば、原資も商品も労働力もみんな自前で安上がりだもんね。これは儲かってますよ、かなり。でもさなんか臭うよ」

通信社に一〇年いたから、彼は怪しいカラクリを現場で見てきた。こういう鼻を身につけたんだろう。そこに矢島くんも写メールを見せながら加わる。

「見てよ。前に飼ってたこの猫なんか、旅行に行くんで知り合いに頼めない時、しようがなくてペットショップに預けたんだけど、ホテルとか称してオレたちの時給の何倍も取られたもんね」

「そうそう。三〜四年前、群馬かどこかで血統書をゴマかして動物を手荒く扱った経営者が警察に御用になっただろ。たしか、その直後に初めて動物看護専門の短期大学が認可されたんだよ。この手の学校がやたら目立ちはじめたのは、おおかたこの頃からでしょ」

私もダテに教育関係の雑誌畑をウロウロしてきたワケじゃない。とたん、さっき食べたモッツァレラチーズ和えペンネを口から噴き出さんばかりに沢田くんが爆発した。

「こういうとこ行って、大枚払ってお手軽な民間資格の紙一枚掴まされても、どうせ派遣しかないんだよ。専門学校は大学より金がかかるのに、初めっからそんなこと承知で入れてるとしか思えないもんね。下流からガッツリ搾り上げて、上流に優雅なペット生活を売り抜ける。そのずーっと川下のドブ川で、こぼれたエサを拾って喜んでるオレたちみたいな奴らがいる。犬や猫の方がナンボかましだよ」

「なんぼか」がどうもぎこちない。昭島の自転車屋に生まれた彼は、オペラシティを垂直に仰ぎ見ながら思いっ切り缶コーヒーを飲み干した。東京生まれの人間がいい加減な大阪弁を口にするのはよほどボヤキ倒したい時である。どうやら、彼の妹がこういうスクールにボラれたらしい。

ベルーガになること

「ベルーガを撮りたいんですよ」

もうすぐ沢田くんは、中央アジアの海のような大湖の畔(ほとり)に出かける。人里離れたテントに一人踞(うずくま)り、被写体を求めて何カ月も過ごすという。もう彼の大きな頭はそのことでいっぱいなんだ。

「ん？　何それ」と、携帯を覗き込みながら矢島くん。

「カスピ海なんかにいるチョウザメだよ。ホントはサメとは違う種類なんだけどさ。卵がキャビアって言った方が分かるかな。こんなヤツ」

と言いながら、携帯の画像フォルダから作品を引っぱり出して見せてくれた。三年前に白夜のアラスカで撮ったという。

「よくシロイルカ、つまり小型の白いハクジラと間違われるけど、クジラは哺乳類、チョウザメは魚類だからね」と、海の獣が好きでたまらない海洋カメラマン氏は厳かに語るのである。

画面は小さいが、波にしなる魚のエロティックな肢体が艶っぽい。船から綱つきでダイヴして水中カメラでその一瞬を狙う。ただそのために一年間、犬猫以下の苦役に堪える。そうやって飛んで行くわけだ。

スラブ訛の英語をどうにか聴き取りながら現地の漁師たちの世話になるという。先住民も一筋縄ではいかない。ロシア系もペルシャ系も、チュルク系やモンゴリアンだっている。売り物にならないチョウザメのクズ肉を頬ばりながら小屋の炉辺で話に付き合い、濁った火酒を酌み交わしつつ、もちろん金の交渉もする。そういうカケヒキを潜り抜けた果てに、この瞬間があるんだという。沿岸油田、天然ガスやレアメタルを争う正体を明かさない集団。民族戦争、宗教抗争、仕掛けられた利権が張りめぐらされた生臭い深海を縫ってベルーガは泳ぐ、ってことか。

「今度は黒海ですよ」と、沢田くんの声が弾む。

表情がやっとほころんだ。缶をベンチの脇に置いて猫男氏も乗ってくる。

「去年の春、そこのタワーのミュージアムに『21世紀の新人展』みたいなやつを観に行ったら、石田徹也って人の油絵にブツかったんですよ」

「これはジーンときた。梱包されて電車に転がされた若いサラリーマンとか、ビルにコンクリート詰めにされた派遣社員とか、半身が工事現場の泥に埋もれた交通整理のフリーターとか。眼がみんな宙に漂ってるんだよ」

「彼はさ、その後すぐ踏切事故で死んだらしい。それからオレは猫になろうと思った。野良猫の方が絶対賢いよ。沢田さんもベルーガになってるよ、ホラ」

昔の人文的教養でも超自然科学でもない。こいつらは見えない都会の獣道を抜けていくんだ。下民が帯びる「動物的人文学」ってものかな。三人の薄汚い靴の下、旧玉川上水の水のない溝道の脇を京王新線が走っていく。

11 神田錦町のブラウニー

通りからガラス越しに見るより暗い店だった。本郷通りの一本裏、江戸時代には錦小路といったらしい。その道沿いのカウンターしかない小さなバー。

「クリフォード・ブラウンですよね」と、坐りしな西口くんが言った。

「そうねー、ブラウニー。ブラウン＝ローチ・クインテットの例のやつかな」

トランペットとロリンズっぽいサックスの音を耳の端で聴き分けながら、レコードの名前が出てこない。頭の隅の引き出しが開けにくいんだな、この頃。

「アット・ベイズン・ストリート。一九五六年の」と即座に答えが返ってきた。なかなか詳しいヤツだ。二曲目、♪Love is a many splendid thing〜、ペットの高音に合わせて軽く鼻歌が続く。

「理路整然たる艶やかさ」なんて言われるブラウニーに、小ざっぱりした彼のなりはよく似合う。

「なんにします?」

カウンターの中から低く声がかかった。顔を上げると、ごま塩頭のマスターの背中で酒精のボトルが列を成している。そこに、ドアの硝子越しに飛び込んだ車のライトが乱反射した。バーテンダーの眼が客のそれより上に来ないように床が低く設えてあるってことは、それなりに年季の入った酒場なんだろう。とは古い酒飲みの知恵である。

「ギムレットのシングル」。西口くんが抑えた声で応えた。

ギムレットねぇ。マフラーを後ろの壁に掛けて振り向くと、「こっちはジンジャーエールで。アルコール止めちゃったから」と付け加える。初対面のマスターに妙な言い訳する自分に苦笑いがこぼれた。酒塗(まみ)れの夜の街から足を洗って十数年、今さら何がそんなに後ろめたいのか。頭の上のダウンライトに向かって昇っていくタバコの煙が、どうにも懐かしくてしょうがないぜ。

ギムレットの夜

「渋いっすね、ギムレットとは」

「オレも一八か一九の頃、イキがってジンライムなんか飲んでたのが恥ずかしいよ」とからかうと、黒のタートルネックの首を傾げて照れた。このへんは年齢相応である。壁には脱いだグレーのコーデュロイ・ジャケットが吊るしてある。出版印刷業界の底をうろついて校正屋なんていう地味な生業をしている人間にしては、珍しくお洒落である。たぶん全身ユニクロだけどね。グラスが来た。

「いくつなの、西口くんは?」。四曲目、I'll Remember April に聴き入っていた顔がこちらを向く。

「二九ですよ、今年で」

五〇度近いドライジン四五mℓをベースにライムジュースを一五mℓばかり。これにぶっかき氷を放り込めば「ジンライム」、シェイクすれば「ギムレット」である。つまり、シェイカーを振れるバーテンダーのいる店に足を踏み入れなければ舐めることもできないのだ。ホワイトや酎ハイに明け暮れた二〇代の自分が、このイギリス植民地で育った「錐（きり）」という名の辛いカクテルにどこかのバーでお目にかかっていたのか、どうも心許ない。こういう熱帯の酒は新宿には似合わなかった。ハマの雰囲気だろう。埼京線も湘南新宿ラインもない七〇年代の東京者にとって横浜は遠い街。南へ向いた本牧や元町の酒場は別天地だったのである。

今日のクライアント様は神田錦町の裏通りにある小さな教育出版下請である。その古ビル四階で、中学生向け参考書を校閲し終わったのは、もうとっくに八時を回った頃、実に肩の凝る仕事だった。東京電機大の脇にある中華屋で海鮮チャーハンを詰め込んだ後、ちょっと飲みたいという彼に付き合って出た通りには、一二月初めらしい冷たい夜の帳が降りていた。ジャズ好きが縁で話すようになった西口くんが、前から目星をつけていたバーらしい。

「パッとしない仕事場だったわりには、なんだか妙にハイじゃない？」

ヘルメットとモヒカン刈り

コンコンコンとよく鳴るマックス・ローチのタムタムに合わせてグラスの指が踊り、ドアの隙間から「教育基本法改悪ハンタ〜イ」という遠い声が洩れてくる。そういえば、昼メシを喰いに出た時も、店を探しながら彼はこの辺りの道筋を気にしていた。この界隈に何か縁があるらしい。

「いや、ちょっと親父の関係で」。一瞬目が鋭くなり、スッと元に戻った。そして話しはじめる。「死んだんですよ、この辺りの路上で。ずいぶん昔なんだけど」。先輩ならこういう話が分かると思って、と彼は続けた。

「まァ正確に言うと、殺されたんです。全然憶えてない親父なんですけどね」

それは自分が生まれた年だったという。だから顔も写真でしか知らない。ブルーノート・ジャズのマニアックな話でもツマミ代わりに、と付き合ったが、意外な展開だった。曲は五曲目「Powell's Prances」。彼の手は二杯目のギムレットにもう伸びている。

フーン。そう気やすく聞ける話でもないか。輸入物のジンジャーエールはけっこう舌にピリッとくるんだな。

「七〇年代はこの周り一帯が学生街だったんでしょ。一二月のちょうど今頃だったらしいんです。そこの裏道で土曜の深夜に頭をやられて、見つけたのは日曜の朝から水道工事に集められたオジさんたちだったらしい」

鉄パイプで、と母が言ってましたと付け加えた。首都高速を潜ると大手町の表示が見えるこの辺りは、今でこそどこから見ても立派な、つまり無味乾燥なオフィス街だが、その時代はたしかに埃っぽく騒然とした駿河台の南の外れといった方がしっくりくる場所だった。こんな店が残るのもそういう事情なんだろう。

そういうことか。

二九というから生まれたのは一九七七年。この頃、追い込まれた学生たちは一種の集団的な閉所恐怖症に陥り、暴発するエネルギーは猛然と内向していく。そういうオレは何をしていたのか。

その父と籍を入れなかった彼の母親は、二年ほどしてやはり同じ色のヘルメットの仲間だった別の男性と結婚したという。たった今ソロをとったテナーは若いソニー・ロリンズ。硬いけど描く線が太くて大きい。モヒカン刈りの二六歳の響きが、西口くんの低い声に重なっていく。

「こんな話すると湿っぽく聞こえるかもしれないけど、母も今の父もなんにも隠してませんでしたよ。死んだのは無念だけれど、彼は面白いヤツだった、といつも言ってました。二人とも」

明治は近くなりにけり

だから、親父の遺したレコードも家にあった。それなりの量という。書棚の一番下に置かれていたLPを聴き出したのは中学生の終わり頃。これが意外にもいい。流行りはじめたヒップホップが子供っぽく聴こえたという。今の二〇代にしてはちょっと早熟なハードバップ・マニアがこうして誕生したというわけだ。

三杯目を頼む頃には、自動車事故で若死にしたクリフォード・ブラウンとドラッグの地獄を生き延びたマイルス・デイヴィス、二人のトランペット吹きの運命の絡み合いに話が止まらなくなる。「正しい」クリフォードがなんか物足りない。マイルスっていっても、カオスを嫌った「帝王」さんがどうしようもなく「カオス」そのものと化す、ドロドロになってしまう七〇年代後半が好きなんだけどね、オレとしては。

だが私は別のことを考えていた。

たしかこの辺りには、明治の終わりに「錦輝館」という芝居小屋だかホールみたいな建物が建っていたはず。どこだったんだろう？　そんなことが気になる。酒をやめて困るのは、酔っぱらいに囲まれてノンアルコールの頭が醒めていくことである。

堺利彦や幸徳秋水、荒畑寒村に石川三四郎、そして大杉栄たち。つまりそこは元気のいい平民社の面々が展開したすったもんだの活動の舞台の一つである。もっとも、仕事熱心な邏卒たちによる「弁士中止！」「集会解散！」の連続だったんだが。

もちろんそんな影もない。ヨーロッパの街、いやアジアにだって先人たちの旧跡を標すプレートがあるだろうにさ。頭の中がすっかり明治に飛び、隣でビール・グラスに湧き立つ泡に視線が吸い込まれそうになってハッとすると、話が前に戻っていた。


「その親父に比べて、今の父はいい人だけど、結局会社に入るしかなかったんですよね。だんだん話さなくなってしまう。それがなんか息苦しかった」

雑民たちのクリスマス・イヴ

その理由がなんとなく分かったのは、三年前に親父の遺した日記を読んでからだという。そこにゴチャゴチャと記されていた落書のような言葉、ビラの草稿みたいなもの、そして詩かアフォリズムめいた言葉の連なり。その奇想天外な面白さに吸いよせられる。

自由に出入りし移動する社会。ジャズのユニットのように、そのつど組み変えられる集団のアンサンブル。多数決以外に集団が意思決定するやり方のヒントの数々。暴力とは違う「力」の発明。「定着すること」と「遊動すること」の最適な配合比の探究などなど――。あの頃の「ゲバ字」というのかな、右肩上がりの若い文字がダンスしていたという。母や二人の父はこんなことを考えていたのか。結局そうは問屋が卸さなかった。その複雑怪奇な事情を抱えて親たちは生きてきた。そういうことなのか。

妄想がハモる。頭に浮かんだのは、またしても平民社の連中だった。人力車夫、植字工、指物職人、演歌師、売薬業、絵師、牛乳屋、翻訳家、金物屋、それに牧師。手に技を持ち、自分の足で走り回って稼ぐ「明治職人事典」みたいなヤツらである。その手足の速さが明治末期に帝都の淀みをかき回す。そこに「大逆事件」がやってきた。酔いがないと空想がロジカルに広がって止まらないのが悲しいね。

「だから僕は、大して金にもならないのにこんなことやってるんですよ」と、西口くんは言う。もちろん平民社じゃなくてフリーター稼業のことだった。

流れる曲はいつの間にかラスト、タッド・ダメロン作曲の「The Scene Is Clean」に変わっている。

カウンターの下が寒いな、と思うとドアが開いて、どこかで見たことのある女性が立っている。オレンジ色のピーコートが似合っていた。そうか、前によく行ってた淡路町の女性誌専門の編集プロダクションにいた娘じゃないか。契約社員というけど、珍しく俺たちに話しかけてくれたっけ。いつの間に西口のヤツ。

もうクリスマスが近い。オレは刺身のツマってワケか。

彼の親父がこの通りの裏道、朝靄に煙る工事現場の陰で冷たくなって見つかったのは、ブラウニーが逝ったのと同じ二五歳だったという。

12 田町でガレー船に乗る

「キリコの絵だな、ここは」

「キリコって、玖保キリコじゃなくて、あのシュルレアリストの兄貴分の?」

「そう、古典派に戻る前の例のやつ、シーンとした街の絵さ」

谷沢さんと牧田くん、二人の声が背中から吹きつける潮風に飛ばされていく。

たしかにそうだ。白っぽいグレーの壁にカチッとした太い線の格子窓に被われたオフィス・タワーが、何本も突っ立っている。どれも三〇階や四〇階はあるんだろう。その暗い底に孤独な街路灯がポツンポツンと灯る石畳の空間が広がる。フェンスみたいな植込みに、横になれない突起つきベンチが並ぶ広場もどきの「公共スペース」ってヤツだ。飲み屋もコンビニも自販機一つ見えないから、ヘドもなけりゃ、ビニール袋も空き缶も転がってない。清潔といえば、まったく完全無欠に申し分ないほどクリーンである。だけどこりゃ、いったい誰のための清潔なんだ?

誰もいない。金曜日の深夜一一時五七分、JR田町駅東口から歩いて三分なのに人っ子一人見当たらないのである。山手線のどこの駅でも今ごろ、終電ギリギリのホームに向かって酔いの回った男も女も赤信号無視でギャロップしていく時間だろう。オット、私鉄の乗り継ぎがなくなるぜ、と伝票つかんで席から立ち上がる。バスがなくなる。ヤバイぜ、タクシー代、サウナ代！ と支払いながら脳内電卓が弾かれると、ただちにダッシュだ。

だのに、この白いビルの林には人も犬も猫も歩いていない。いやイヌはいたかな。さっき警官が二人通り過ぎたばかり。これじゃあ、あのジョルジオ・デ・キリコの一つ目の怪人、白色仮面が出たって不思議ないぜ。セロニアス・モンク『ミステリオーソ』のあのジャケットだよ。

「なんでもいいから食べとかなきゃ」と牧田くん。「ギリシャだろ、実はキリコの生まれはさ」と谷沢さん。

風に吹かれて、ちぎれた声が混線して一月の寒空に消えていく。喰い物屋を探して頼りない三つの影が進む。薄闇の石畳に引かれた長い影を尾のように揺らめかせて。

ゲラに揺られて

ゲラ（校正用の試し刷）が出てこない。朝一〇時に始まった最終校了日である。

地上三二階の女性誌編集室で、唸りながら残り九〇ページのうち五〇ページまでなんとか仕上げ、印刷所に突っ込んだはいいが、最後の大物「クレバー妻のサバイバル錬金術」別冊特集四〇ページが一ページも出てこない。それも今日初めて見る初校（最初の校正刷）、すべて一発下版（印刷所送り）である。

七時便で来るはずが一〇時に延び、それでも影さえ見えず、オレンジ色のバイク便ライダーが駆け込んできたのは一一時二〇分すぎ。ヘルメットを持つ手の甲で落ちる汗を払うライダーくん。彼が渡す伝票にサインした女性副編が金切り声を上げたのは、ライダー・スーツのオレンジ色がエレベーターに消えてほぼ二秒後だった。

「返しをとにかく早くして！」「先月も残業代がコスト・オーバーなんだから」「タクシー代もかかりすぎでは！」

勤務データ表をかざして容赦がない。すでに稼働一三時間超で腰が痛い、顔色も悪い。夕飯をレストルームの自販機パンでごまかし、疲れをジョーク合戦で吹き散らしてきた三人をこの言葉は襲撃した。脳天を突き刺して尾てい骨まで貫く。

オイオイオイオイ、俺たちは好きで遅くなってんじゃないよ。残業してんじゃないよ。タクシー乗ってんじゃないよ（まぁ、タクシーは好きだけど）。赤字訂正いっぱい、事実関係の間違いゴロゴロ、飛び込むメーカーのクレーム、直前の気まぐれな差し替え、極めつけは編集者さまのチェック遅れの大渋滞の中で、毎月毎月息も絶え絶え、朝日とともに最終校了紙を工場へ送り出してるんじゃないか。こんな仕事は女の人じゃ全然ムリ。だから女性率八割強の編集室に、三〇代、四〇代、五〇代のオヤジたちが、身も心もプライドもゴミ箱に放り込んでおジャマしてるんじゃないですか。アルコール臭、口臭、加齢臭、教養臭、その他モロモロの臭いを消してね。

ところが四〇代後半、大学を二つも出たのに二年前まで立ち喰いの駅ソバ屋で働いていたチーフの谷沢さん。彼の口を突いて出た言葉は、涙が出るほどノーブルなものだった。

「それはですね、その～。前任の副編集長さんの時には五〇万円台だったワケですが、校正費が。今では毎号別冊が二冊も付き、作業内容もページ数もほぼ一・二五倍になっておりますそれでも三人で六〇万円少しのはずでして、作業内容もですね～」

このジェントルな言葉がかえって副編女史の頭蓋骨を鈍～く揺さぶった。女史の頭皮にはすでに編集長の矢、営業の矢、タイアップ広告担当の矢、経理の矢が何十本と突き刺さっていたのである。

「ああそう。でもね、上の階でやってるうちの社のファッション誌なんか、もっと低い額で四人も五人も来てやってるのよ。女性ばっかりの会社ですけどね」

谷沢さんは喉に丸太を突っ込まれたみたいに黙る。若い牧田くんは青ざめ、冷蔵庫の下に逃げるゴキブリになった私はゲラの山にもぐり込んだ。その眼の下の「クレバー妻のサバイバル錬金術」にはこんな記事が組まれている。

公園の水飲み場からバケツで水を汲む若いママの写真に付いたキャプション。「こうやって水道代を毎月一〇〇〇円カット！」。見出しは「お金を貯めて二年に一回ディズニーランドに行くのが夢」。北海道に取材に行った若いライターは先週こぼしていたっけ。その長距離トラック運転手の家族が住むペンキのはげた家を正面から撮れなかったらしい。「一応レディース誌なんだからさ、惨めすぎて洒落にならないすよ」

そう御説ごもっとも。副編さまの言うとおりだよ。俺たちの替わりなんかいくらでもいるんだよ。そこの契約編集者の替わりも、隣のアシスタントも、そしてアンタの替わりもね。このすばらしい

ハイヒールとフリーター

国はマネーにはリーズナブルでも、人間にはリーズナブルじゃないってワケだ。

とにかく三〇分だけ夜食の暇をと願い出ると、副編女史はワンピースのフレアーを優雅に翻し、ブーツをカツカツ鳴らして高層階へとお引き取りになった。

江戸湾に浮かぶ奴隷船

「奴隷じゃないんだから、オレたちは」と牧田くんは呟く。高速エレベーターの中は三人だけである。

「バカか、なに言ってんだ。奴隷なんだよ、オレたちは」と私が応える。谷沢さんがニヤッと笑って続けた。

「ゲラ、ゲラって言うけどさ、galleyって書いて、ギリシアの昔から地中海で奴隷や囚人たちに漕がせたガレー船のことだよ」。昔の活版時代に活字を組んだ木の版を乗せる盆の形が船に似ていて、そこから「ゲラ」とか言いだしたらしい。

「だから出版社の船底で何百ページもゲラを漕いで漕いで、やっとこさ印刷所に漕ぎ着けるオレたちが奴隷じゃなかったら、ガレー船が困るだろうよ」

へえー、と二人が感心した時、ちょうど一階に着いた。ここで「ゲラゲラ笑った」と書いたらオヤジギャグになってしまう。それでも実際に、一〇階まで吹き抜けのアトリウムの底で蠟人形みたいに動かないガードマンを前に、三人はゲラゲラ大笑いしたのである。

どこまで行っても喰い物屋がない。コンビニもない。

「しょうがない。品川駅と区別がつかない駅舎を昇って降りて、向こう側の三田方面に行くしかないよ。だけどオレたちゃみんな高田馬場を東に行った学校だから、あっちはゲンが悪いぜ（笑）」

「でも高田馬場からは、どうしてガレー船に乗るヤツが多いんでしょうね？　三田のヤツなんか会ったことない」と去年まで輸入レコード屋で働いていた牧田くんが言った。

「まったくねー」とワケもなく納得し、西口に出たところで気づいた。

夜とはいえ妙に見通しがきかない。道が曲がりくねって坂が迫っている。そうかここは岸壁だったんだ、江戸の頃には。山手線は江戸湾の岸辺に沿って走らせた沿岸鉄道、つまりさっきのタワーは後にできた埋立地の中なんだ。だから平らであんなに人気がなかったのか。

金杉橋の方へ

「するとここらは薩摩藩の蔵屋敷があった界隈ですよね、きっと」と、江戸にも詳しい谷沢さんが応じる。

「例の勝海舟と西郷隆盛が手打ちした場所、江戸の無血開城ってやつですよ」

二〇分も歩き回って頭蓋骨が冷えてきた。ゆっくりと憶い出す。

目の前の第一京浜を右の浜松町方向へ一五分ほど歩くと、首都高速の下で金杉橋という交差点に出くわすだろう。広重も描いた橋はとっくにないが、かつては渡し場、それも島流しになる罪人を流人船に乗せたいわく付きの場所である。

時代を揺り動かしたのは、大久保でも木戸でもないが、西郷でも勝でもない。本当のところ列島全土で打ち続いた「一揆」や「ええじゃないか」「打ちこわし」の大波なのは、この下級武士連中が一番よく知っている。生まれた時から百姓や職人に近かったからだ。だから幕府の先鋒も討幕激派も、利用したあげく手に負えない一揆の頭目たちの首をはねることにためらいはなかった。そして、なんとか首の皮一枚つながった者たちが伝馬町から引き出され、流人として大島や八丈島に送られたのが金杉橋の袂らしい。

フイに黙ってそんなことを考えていると、指の先まで冷えてくる。牧田くんが「どうしたんですか?」と訊くからそんな話をすると、今度は谷沢さんが語り出した。

「実はね。画人キリコもアテネからフィレンツェへ、そしてミュンヘン、ミラノへと流れてきた流浪のレパント人なんだよ。ガレー船じゃないけどね」。つまり東地中海のビザンチン文化の人だったという。すると白い街は、流れ者が見たイタリアのルネサンス都市だったのか。

「いやいや、ルネサンスってのはもともとイスラムの影響なんだよ。偶像を厳しく禁じたイスラムでは視覚美術は発展しなかったんだ。だからさ、キリコの作品を東と西が混じり合うレパント文化と見れば、これは面白いんだよ」

さて、朝までもうひと仕事。さっさと海に浮かぶガレー船に帰ろうぜ。コンビニで残り物の弁当やおにぎりを漁って帰る三人の足取りは、鉛の玉を付けられたように重い。

まだ暗い午前三時すぎ、上の編集部へ行く。「ホワイトカラー・エグゼンプション」のコラム、例の残業代カット法案は見送りになりましたけど? と聞くと、「いえ、あれはまたどうせ出しますから、注釈つきで行きましょう」という答えが返ってきた。これを聞く三〇代男性編集者の血の気の引いた顔が、青黒い東京湾を背に三二階の窓に映る。そこに一つ目の白い仮面が見えた。

13 鴉たちの日比谷公園

この鴉たちはどこから来たんだ？

日比谷公園の噴水近くでベンチに坐ると、一時間も遅れた昼メシに私の舌や胃が騒ぎ立てる。その大騒ぎの中へヒレカツを投げ込みながら、目の前の地べたに居すわる鴉が気になってしょうがない。眼を見たら、こちらの喉笛を突き刺しそうだった。西日を照り返す羽毛の黒光りが不気味。

「横の鴉も狙ってますよ」と、隣からそっと牧田くんの声がする。

そっちを向くと、左隣のベンチの背にはまた別の鴉がとまっている。とたん帝国ホテルの高い窓に反射した陽光が網膜を刺した。オレンジ色にしびれた視界の中で、カーッと鳴いて広げた両の羽をバタバタさせる。

三月半ばの月曜日午後二時半近く、日比谷公園の第二花壇東側に並ぶベンチの一つに五十男が腰を掛けた。冷めた弁当を膝に乗せる。その割り箸がつかんだカツレツの、ソースが滲みたキツネ色の衣を二羽のハシブトガラスたちがじっと見つめている（ように見えた）。

オマエらも腹が減ってるんだろうけど、オレもそうなんだよ。

そこのイイノホールの裏で、朝一〇時から昼メシ抜きでブッ続けで働かされて、二時で終わり。「イヤー、どうもありがとうございました、もう結構です、ハイさようなら」ってワケで実働四時間。五年前なら一日分出てたのに、今じゃ時間分だけのギャラがまかり通っている。

だから稼ぎは半分なのに、胃袋はついコンビニのカツ弁当に出る手を抑えられない。六九八円は高いよ。でもオレはヒレカツが大好きなんだよ。これをオマエらにやるワケにはいかないのさ。第一そんなことしたら、公園のそこら中にいる黒い仲間たちがみんな集まって来ちゃうだろ。そんなことをしていたらオレは、しまいにはそこらの高層ビルの薄暗い木立ちの陰で、人に追われながら寝転がるようになっちゃうんだよ。だから勘弁してくれよ。

百年の鴉　公園の百年

「先輩、先輩!」。カップヌードルを手にした牧田くんの声が近づいてくる。正面に顔を向けると、フランス式らしいシンメトリカルに草花が配された花壇を背に小作りな彼がいた。春に備えて花を世話する作業服が何人か、少し下がった芝生の中で動いている。

「どうしたんですか、ブツブツ言って。そろそろオヤジ病じゃないの」

最近あちこちの現場で一緒になる二七歳は、もうタメグチを利くようになった。まあいいよ、それくらいは。ちょっと面白いヤツなんだから。テレビも2ちゃんねるも大嫌いで、サッカーよりラグビーが好きという彼は一週間ぶりの仕事だという。それでたった四時間分のギャラでも、冬が戻った日比谷公園の青空の下で晴々している。

「でもな、テレビと話するより、鳥の方がましだろ」と返すと、残ったヌードルをすすりながら「そうですね〜、テレビは叩き壊した方が気持ちイイ」とボールを絶妙にキャッチした。

ナムジュン・パイクみたいなことを言う。なかなかだぜ、こいつは。

「本当はさ、この鴉どもだけがこの街で起きてることを見ているような気がするんだよ。ヘリでも車でもない高度でさ」と立ち上がって言葉をロングパスする。すると、

「そうかー、それであの知事の大作家石原先生は心から鴉を憎んでるワケか」と、芝生の上高くハイパントした。そういや、威勢のいい作家先生は「大東京から鴉を一掃する」とか息巻いてるな。

高層ビルの上を蝿みたいに飛ぶ警察や新聞社のヘリと、地べたに張りつくサツの目つきの間で、背中の日比谷通りで咲きかけた真っ白い木蓮の花弁が風にユラユラ揺れている。

鴉たちはいったい何を見てきたんだ?

隣のベンチではあの鴉がまだこちらの手元を見ていた。さすがしぶとい。

肌寒い三月ではベンチに坐る人は少ない。最近じゃゴミ袋も改良されて街角のエサも減ったんだろう。だからって、そんなにオレのヒレカツ残り二切れを見つめるなよ。そう呟いてヤツの眼を覗くと、引き込まれるようにして妙な考えが湧き上がってきた。

一〇〇年前もこの連中の先祖たちは公園を飛び回っていたんだろうか。万葉にも歌われた鳥だしな、当然いただろうよ。銀座煉瓦街も新聞街も帝国ホテルも、あの頃とっくに出来ていた。エサなら当時、東京中のどこよりも恵まれていたはず。ということは、あの白いペンキのような糞便の滴りが公園中を盛大にアクション・ペインティングしていたに違いない。ワイオミングの片田舎で

ジャクソン・ポロックが生まれるほんの数年前にね。

「日比谷公園は明治三六年六月に開園し――」と幸門の案内ボードにある。つまりだな、一九〇三年に造られたんだろうね。上野、芝、浅草の三大公園はみんな大寺の境内だが、ここは陸軍練兵場跡地とも書いてあった。てことは、パリのアンヴァリッド廃兵院前広場かシャン・ド・マルスあたりがイメージされてたんじゃないの。言ってみりゃ、革命祭典広場に対してここは維新紀念広場ってワケだろう。幕末の内ゲバや外ゲバでくたばった連中の地霊は九段坂上から溢れて、辺りをフラフラしてたことになる。

おまけに、この年の八月には東京で最初の市街電車が開通して公園の周囲は三つの路線が交錯する最大のターミナルになる。これは今の新宿みたいなもんだよ。そこへ翌一九〇四年二月には旅順港襲撃で日露戦争が勃発。この場所は戦勝祝賀会の舞台になったらしいんだ。苦戦悪戦の果ての一九〇五年四月には四万人を集めて、奉天会戦祝賀の官製大集会が開かれた。

「今じゃほとんど敗戦に近いボロボロの勝利だったことがバレてるけどね」とカツをもう一切れ口へ入れて、のたまう。

「へー、ここでそんなことがあったの」。保険会社のビルにはためく白地に赤い丸を見て抹茶ラテのストローから唇を離した牧田くんはボールを受けた。あの小旗を振りかざした明治のザンギリ頭たちも、ドリッピングする鴉たちのカンバスになったんだろうか。

ムダな蘊蓄（うんちく）がもう止まらない。

ところがさ、風向きが変わるのは一九〇五年の夏の終わりだよ。アメリカで開かれた講和会議で、鴉の糞どころか死者八万四〇〇〇人の血を浴びた元勲たちはころっと賠償を放棄する。ロシア全権ウィッテは「勝った」と叫んだが、若い時に二度も大英帝国のやり方を見てきた伊藤の博文さんとしては、韓国の難儀な植民地化へ向けて一服したいんだな。「数年間の小康」が欲しかったらしい。

収まらないのは、「勝った、勝った！」と乗せられたあげくに増税で腹をへらした町の職工や車夫、徒弟たちだよ。彼らの兄弟や朋輩たちは遼東半島の寒風の中でバタバタ死んでいる。「どういうこった！」と、憎しみはロシアから薩長のエライさんたちへグラッと傾いた。それでまたここに集まってくる。

「明治のフリーターたちにとっちゃこの公園は、夜中までただで居られる「オレたちの庭」みたいなところなんだよ」。するとすかさず、

「いいじゃないすか。今どき夜の公園に居るだけで『不審者！』なんだからさ」とナイスパスが返ってきた。

職工たちの日比谷、有楽町

実はこの公園ができてまだ五カ月の一九〇三年一一月には、目の前の日比谷門から歩いて二〇〇メートルくらいの有楽町の一角に「平民新聞」の看板が上がってる。そこの帝国ホテルの前を行って、日比谷シャンテと有楽町マリオンと西銀座デパートに挟まれた三角形の片隅だよ。煉瓦街に囲まれた銭湯や氷水屋のある辺りで、掘割を渡ったどこかに松の木が植えられた二階屋があったって

話だ。相つぐ発禁と検挙で一年ちょっとで廃刊しちゃうんだけど、「非戦」をシャウトする「不審者」たちがこの辺り一帯をウロついていたってことだな。周りの建物の窓からは、特高ができる前だから明治の密偵たちの眼が貼りついていたんだろうよ。

「フーン。そりゃなんだか雰囲気がモダンで、ポール・オースターのマンハッタン物『幽霊たち』みたいですよね。先輩は知ってる?」

「見損なっちゃいけないよ。あのアブストラクトなメタ小説だろ。そこらの団塊オヤジとは違うんだよ、オレは」

講和条約調印の九月五日、ついに「どういうこった」は「なんてこった」に激変した。反対集会に集まった三万人が公園を柵で封鎖する警官隊に激高して、丸太でぶち破るんだよ。これがたちまち大騒乱に発展する。オレたちもここで似たようなことやったけどね。さらに数百人が一塊になって市電に飛び乗り、東京一五区の全てに飛び火、内務大臣官邸、警察署、新聞社などを二日間にわたって襲った「日比谷焼打ち事件」の一席でございます、ってわけだ。

「これが戒厳令まで布かれた『近代最初の都市暴動』とか言われているんだけど、でもなんだか変じゃない?」

幕末の打ち壊しくらいしか知らないはずの素人衆にしちゃ手際が良すぎる。とこれを疑ったのが明治文学研究の泰斗、前田愛先生だった。要するに現場にゃ羽織姿で髭付きのプロ壮士がいた。「なんてこった」が「そういうことか!」と膝を叩いて「反戦暴乱」に結びつくその鼻先で打たれた、政府プロデュースによるガス抜き野外劇だったんだな、これが。鴉たちは大笑いして空から白いウンコ玉をお見舞いしたろうよ。平民社の連中に鴉たちほど肝があれば面白かったんだが。

「これは先輩のラップ講談だな。閑なフリーターはこれだから困るよ」

牧田くんは一度は外資系ＣＤショップの正社員になったのに、またフリーターに舞い戻ってきた。ポップで小ぎれいな仕事のはずが夜中までキツくてギャラも安い。おまけに盗難防止で毎日ボディチェックじゃたまんない。こういう「正規から非正規へ」逆コースを辿る人に最近よく会う。

ともかく、今度は本当に「そういうことか！　敵はあっちか」と膝を打つ連中が現れる。翌一九〇六年に入ると、「明治フリーターの足」市電を経営する三社が倍近い運賃値上げを発表、たちまち大騒ぎになった。乗車ボイコットや車両打ち壊しの果てに、三月には再びこの公園が大騒ぎの舞台になる。「そういうことか」は「いいかげんにしろ！」にググッと近づいた。

最後のカツ一切れが喉を通って、左のベンチを振り返ると、もう鴉の姿はない。空を見ると、鳴きながら高く国会議事堂の方へ飛び去っていく。あそこへアクション・ペインティングをお見舞いしに行くのかな。

鴉の声が「そういうことか〜、そういうことか〜」と聞こえたのは、もちろんこちらの曲がった心のせいである。

私は鴉になりたい。

14 神々の谷底、神田明神下

「大阪の街中は真っ平らだよ」と私が切り出す。

「去年、用があって二回も行ったら驚いた。梅田の駅前も天王寺の界隈も、どこもかしこも道路が真っすぐ。ずーっと先まで見わたせるもんね。これが不思議で不思議で。通天閣の周りはゴチャゴチャだけどさ」

聖橋に目をやりながら、朝靄の御茶ノ水駅前で白い息を吐き出す。

「それはさー、いかに坂ばっかりの東京西側を出なかったかってことだよ」。半年ぶりに会った肥田さんが声を返す。

足の裏の街

橋の袂をゆっくりと歩き、欄干に手を伸ばしては、下に広がる外濠沿いの新緑に目を細めている。早く着いて都心の森林浴だ。世田谷のどん詰まり多摩川べりからパナマ帽を被った「歴史学オヤジ」の何度目かの登場である。

「だって、武蔵野の丘から車で来ると山手線の中はいきなり谷と尾根って感じだろ。そこを抜けて隅田川の向こう岸に行けば、九十九里が見えるんじゃないかってほど、またのっぺりだぜ」と、こちらの都心バカぶりをからかう。

外濠というか、この辺は神田川か。その川底を長い電車が走っていく。左手を見ると、お茶の水橋のアーチから車体が出てくる。この橋の下を潜って右の方へ出る。緑の渓谷を抜けると中央線と総武線が交わる辺りで見えなくなった。鉄道模型のジオラマそのものだ。一九世紀末のロンドンで地下鉄開通を報じるイラスト新聞の銅版画を思い出した。

「そうだね〜。池袋や新宿はまあ「峠の茶屋」ってとこか。中山道を来ると、お茶の水辺りも駿河台から神田へ落ちていく崖の上、お茶と団子で一服する水茶屋ってワケだ」

昨日行ったのは、渋谷駅南口の六叉路に跨った大きな横断歩道橋を渡って、さらに急な桜丘を登った裏側。その前の日に伺ったのは江戸川橋で首都高速の薄暗い陰になった坂道。どこから歩いても一五分以上かかる寂しい裏道ばかりだった。

土曜や日曜の朝早く、そんなところばかり歩いていると、どう見てもハイヒールや細身のスーツが似合いそうにない人たちが、気乗りのしないオーラを撒き散らしながらセカセカ歩いているのに出会う。二〇代の終わりから四〇代前半までなのか。夏でも背を丸くしたホモサピエンスの末裔たちは、通りを折れてしばらく歩くと三階から七階くらいの目立たないビルの裏口に消えていく。各種データの打ち込みオペレーターや通販の電話アポインター、契約のシステム・エンジニアから印刷フリーター、ビル清掃のパートさん、ってとこだろう。

地下鉄出入口の階段付近に据えられたＤＶＤカメラは、休日の始発から終電まで、鉛のように無表情な人間たちが息せき切って上ってくるのを記録しているはずだ。

フリーターたちの「足の裏」は知っている。超高層タワーとはなんの関係もない「東京」という街の感触を、その荒れた地肌のゴツゴツを。豪華アトリウム＋高級ショッピング街＋外資系ホテル＋大企業オフィスのビル街なんてただの舞台の書き割り。履き潰されたウォーキングシューズやスニーカーは別の道を歩いている。足の裏がむず痒いのは水虫のせいばかりじゃない。足裏の皮膚が何かを考えている証拠なのである。

明神下のアパレル業界誌

髪を束ねた宮西さんが聖橋の改札から出てくる。今日は三人、集まるのが早い。

文芸系の出版社を五〜六年前にリストラされた彼女は、カードじゃなくて切符で改札機を通ったらしい。この人らしいねえ、と肥田さんと顔を合わせた。落ち着いているように見えるけど意外と頑ななのだ。

「あたしはもうフリーターじゃないわよ」って、たしか二、三年前に酔っぱらった席で叫んでいた。厚労省が勝手に決めた三五歳を越えたってところだろう。文芸畑出身の人はどうも扱いにくい。最近ますます増えるデータ・チェック作業の道具みたいに使われるのがプライドに触るのか。要注意である。

今日のクライアントはみんな初めてなので開始三〇分前に集合して行く。「聖橋を渡って湯島聖堂を右に、坂を下った大きな交差点を左へちょっと行った裏らしいです」。

いつまでも年をとれない東京原住民を先頭に、何か包みらしき下げ物を持った宮西さん、六〇に手が届いたパナマ帽の似合う肥田さん。一見すると、五月の光の下で「江戸古地図の旅」に集(つど)った趣味のグループみたいに見える。ここらは時代小説好きのメッカである。月半ばすぎなのに宮西女史は三日目の仕事、肥田さんは四日目、こっちもやっと六日目である。世間じゃ嬉しいゴールデンウィークもフリーターには地獄の旅の一里塚。オヤジ二人は東京になんとか住処があるからいいが、愛媛出身の女史はネットカフェに泊まるワケにもいかない。

「なんだよ、この妖気は」。吹き上げる風にパナマを押さえた歴史通が言う。左に医科歯科大病院の高層棟が二、三本聳(そび)え立ち、右には高い木立ちが茂る湯島聖堂の冥い谷底へ断崖が雪崩れていく。どちらに下っても妙な気が。たしかに怪しいと「足の裏」も呟いている。

右に折れてお茶の水公園から通りを渡る。すぐに神田明神の入口が見えた。三人そろってドンと背中を押されるように坂を降り切る。するといきなり、電飾かつ原色の大看板の群れに眼球を占拠されたのである。聖堂や明神だの拝み屋の先には電器屋だった。野村胡堂『銭形平次捕物控』の明神下も、今じゃオタクの殿堂・秋葉原の裏口ってわけか。急ぎ足の宮西さんが話しかける。

「勝手なんだけど、五時には出させてもらえないかな。別の会社で六時からもう一つ仕事が入ってて。新橋なのよ」

もちろんダメとは言えない。

失業率改善って一体なんの話だ？　一〇代から七〇代まで数字に出てこない「隠れフリーター」はますます増えている。だからって、あらゆる職種がちょっと上がった学生バイト並みのギャラになると、それが賃金上昇なのか？　何重にも登録しなきゃ喰う物も寝るところもなくなるのは分かってるよ。オジさん二人でがんばるからね。

くたびれた黒塀に囲まれた料亭の裏通りをウロウロする。やっと見つけたのは築四〇年には見えるビルの四階、1DKを改造した小さなオフィスである。迎えてくれたのは五〇代の社長、四〇代の正社員、三〇代の契約とパート一人ずつ。女性四人で満員の部屋に、こちらは食卓ぐらいの合板テーブルに三人でギュウギュウである。それも玄関先だった。狭いとこは慣れてるけど、これはちょっとないケースである。

モノは学生向けのアパレル業界就職情報誌、その掲載企業一覧データのサーベイである。こりゃいけねえ、と思って文芸女史の顔をうかがうと案の定だ。もう表情が曇っている。まあまあまあまあ〜、と目で伝えると、何やら硬い物がイスの背にガツンと来た。

振り向くとそこにいたのは、段ボール箱を抱えた宅配便のお兄さんだったのである。「足の裏」がタタラを踏んだのは言うまでもない。

神さまたちがうろつく裏通り

フリーターにとって大事なのは「足の裏」だけではない。メシの時間も大切である。喰わなきゃ頭も体ももたないが、それだけではない。契約やパートと違って、毎日行く場所が変わるフリーターには、会社でも工場でも、どこに出かけても自分の居る場所がないからだ。だから安いランチの店を捜し求めて、わざわざ外に出る。それも社員たちが昼メシから帰ってくる一時ごろ。彼らのいない店で気分を調え、ギャラを計算してホッとするか、たいていはガッカリする。仲間がいればボヤキ倒し、嘆きまくり、諦めまくる。それぞれが最近行った現場の情報交換をする。そうやってどうにか生き延びようと足掻くのである。

「私は残るわ」と宮西さんが言った。小声で「ちょっとキビしいから」と付け加えて、手製のおにぎりをテーブルに出す。下げてた包みがそれだったのか。バツが悪くて「じゃあね」と声をかけて出かけたオジさんコンビにも、行く当てがなかった。

「真っすぐ行くと不忍池らしいけどね、こっちは」と言う肥田さんを追いかけていくと、通りの反対側に妙に派手な店を見つけた。ドアの赤いガラスに「ランチタイム・サービス」と白いペンキで殴り書きしてある。歩道から上がった中二階のドアにパナマ帽が吸い込まれたとたん、奥から「お帰りなさいませ！」というアニメ声がいっせいに返ってきた。あわてて斜めになったパナマ帽が戻ってくる。

「イヤー、この辺が神田明神とオタクの神さまの結界とは知らなかったな――」

「怪しくて妖しい」とはこのことか。オレたちの行くところには、またしてもコンビニもコーヒー屋もなかった。マーケティングから見放されているんだな。しようがね〜。総武線が走る鉄骨造りの昌平橋の見える交差点まで来て、角のマグロ丼屋で打ち止めとしよう。

交差点の角地なのにカウンターだけのベニヤ製バラックである。壊れそうなビニールイスの上で薄くて悲しい冷凍マグロでも、味噌汁付き五〇〇円ならＯＫとしよう。昔、電材卸問屋の丁稚たちが立ち喰いで群がっていたんだろうな。そんな元祖テクノ界の「小僧の神様」がガタガタ揺れるカウンターの中で笑っている気がした。

ドンブリを掻っこんだパナマ帽と東京西側の原住民は、コーヒー缶片手に明神下の谷底をフラフラとさまよっていく。

「やっぱり、この辺りはなんか変だよ」

「朝通った医科歯科大が昌平坂学問所の跡で、崖下の湯島聖堂には孔子廟がある。ここは入ったことある?」と歴史オヤジがこだわっている。

「あるんだな、これが。去年の秋だったか古本屋を回った帰りに迷い込むと、儒者たちのくすんだ彫り物がゴロゴロしてるだけで、寂れたお化け屋敷って感じで。その分、ひっそりした杜の静けさが脳に染みたよ」

「ところが、この崖っ縁の学校から水戸藩に入り込んだ連中が『國体』やら『英霊』やらの新型ゴーストたちを発明したらしいんだ。そのスーパーゴースト御一行様が維新で九段坂上に集まって、あのもっと物騒なお化け屋敷ができたって話が最近出てきてるよ。クワバラ、クワバラ」

「困ったお化けたちだね。でも、もっとずっと古いのがあるでしょ。ほら、神田明神に封印された平将門の空飛ぶ首塚って、ダイナミックなやつ」

「それにコスプレの神さまやオタクの神さま、テクノの神さままでいる。もうお化けや神さまでいっぱいだぜ、この辺り一帯は」

そんな屁理屈をいくら垂れ流しても、明日の仕事はまだ入っていない。オレたちこそが幽霊だったのである。宮西さんが一人そっと待つ狭い編集室へ帰ろう。三時においしいケーキが出るらしい。

15　六本木一丁目、真夏に聞こえる「冬の旅」

「新宿西口には、一棟まるごと空きビルになっている超高層があるって噂だぜ」

「本当ですか、それ？」

REIT と LIED

「夜はところどころ灯りを点けて、いかにもオフィスが入っているように見せてるらしい。ゴーストタウンだよ」

「どうして？　維持費だけでもすごいよ」

「そうだよな。設備のメンテナンス、ガードマンや清掃代、周りのグリーンだって枯らすわけにはいかないしな。ゴーストタウンじゃ借り手なんかないから。想像つかないよ、オレたちには」

「それじゃそのビルに住めるじゃない。うちも立川の駅からバスで二〇分もかかる市営住宅だから、遠くて狭くてもう限界。一家四人で移ろうかな。廊下の片隅でもウチより全然広いだろうな。富士山も見えるだろうなー。新宿辺りのホームレスの連中とか、東京中の家賃払えない人がみんな住めるよ。スクウォッターってやつでさ」

「そこなんだよ。もっと怖い方々に居坐られでもした日にゃ目も当てられない。だから幽霊タワーはヒタ隠しってわけだ。企業が出してる広報誌の現場で会ったディベロッパーの社員が言ってたよ、ここだけの話だとさ」

「だからさ、どうして空っぽにしちゃうの、あんなデカいビル？」

「それだよ、REITってやつ」

「何それ？　シューベルトの歌曲？」

「ハハハ。『冬の旅』はオレも好き。でもそっちはドイツ語のLIEDだろ。こっちのREITは英語、不動産証券化ってやつだよ。ビルの所有権を比率で分けて、金持ちや投資会社に売るんだよ。それで資金をかき集めてビルを建て替えたりリニューアルして、資産運用した利益を配当するらしい。バブルの後でこれをやったら、外資を排除したんで大失敗したらしい。今じゃ外資さま大歓迎で、都内でボカスカ建ってるタワーはアメリカの投資会社と日本人富裕層のREITばっかりだってさ。それでいっそ空きビルにして『投資家募集中』ってことなんだよ」

「でもさ、仮にも超都心で鳴らす新宿西口の超高層タワーでしょ。今でも千客万来じゃないの？」

「その、わが国最初の『摩天楼街』ってのがもうポンコツなのさ。築二〇年、三〇年なんでIT環境としちゃボロボロビル同然。大枚かけてリニューアルしなきゃ全然テナントが入らないらしいんだよ。ボロは都庁ビルと石原知事さまだけじゃないんだ。いやーオソロしいね〜。土建屋さんの天国、日本は」

「それだけタワー同士の競争も熾烈ってわけですか。七〇年代の郊外ニュータウンも今日は団塊たちのスラム街。ここら六本木のゴージャスなミッドタウンも明日はゴースト・タワー村になるってか。こりゃ泣けてきますね。僕としちゃ、どうでもいいから引っ越したいな〜」

投資ファンドと地下食堂

堀田さんと私は、地下プラザの隅っこにあるカフェで「Bランチ・ビーフカレー四五〇円」をガバガバと口に放りこんだ。お互い正確に七回スプーンを口に運んで、一瞬にして完食。昔の学食とは違うユーロ風だった。先週行った工場食堂より、ビーフの筋(すじ)肉らしき欠片が浮かんでマシである。「だけどこれを旨いと感じちゃ、もうオレたちも終わりだぜ」という統一見解で二人は一致したのである。

こんな話をしていると、その隣で、グラフィティ風のペイントを塗った壁を背にした黒のパンツスーツ姿が似合う三〇代女性が、知られないようにこの無駄話を聞いている。

衛生かつ抗菌素材使用の無色無臭ユーロピアン・ピアノジャズが流れている。分煙するクリスタルな仕切りの向こうで、地下二階から地上一〇階まで突き抜けたアトリウムの底を行く人々を環境映像のように眺めながらペンギンブックスに眼を落とす彼女は、たぶん四〇階から上のどこかのフロアから舞い降りてきた外資系の金融キャリアだろう。

ここにはおよそ場違いなオヤジ・フリーターの世迷い言をどう聞いてるのか。

オレたちは一九階からズリ落ちてきて、谷間の斜面に沿って庭園風にレイアウトされたレストラン街をウロウロさ迷い歩いたあげく、やっとここに辿りついた。一三〇〇円の焼肉ランチ膳、一二〇〇円の本日の海鮮パスタランチ、一五〇〇円の握り鮨ランチ、一六〇〇円のホテルビュッフェ特製ランチの前を当然のように素通りして、四五〇円の欧風カレーの前で二人の足は急停車したのである。

もの悲しい目配せと同時にカフェに足を踏み入れると、くたびれたポロシャツと綿パン、スニーカーの男たちや、一目でそれと分かる「ユニークなクロージング」の女性たちばかりである。地上四五階のタワーの底に設えられた派遣フリーター様御用達のカフェ風工場食堂ということだ。してみると、あの黒服の彼女は、厳しい労働条件と安いギャラで限りなく正社員のように働かされるレディース派遣ということなのか。

カレーを売ってるせいか妙にエアコンが寒い。効きすぎている。このビルもREITなのかな。ということは、この店もこのカレーもテナントに必要な貧困労働者向けの備品。最適な資産運用のためにパッケージされた必要最低限の施設というわけだ。REITはLIEDなんだ。日本人好みの雰囲気ジャズなんかより、吹雪が舞い散る悪路を馬を引いて歩む「冬の旅」のドイツ・リートの方が、ここには似合うはずだ。

秋田弁が響く超高層アトリウム

今朝ここに来る時、エレベーター・システムには面喰らった。六台あるうち各駅停車と急行があって、そのうえ快速電車まである。ノンストップで一五階まで行く「急行」、三〇階まで直行する「快速」。その他の階は各駅を乗り継いで行く。でも駅弁は売ってないよ。毎日いろんなビルをうろついているが、こんなのは初めてだった。

朝九時四九分、東京メトロ南北線・六本木一丁目の改札から目の前に直結するタワーに着いた。

ところがケルン大聖堂のようなホールに飛び込んで迷った。一九階のクライアントのところに行くエレベーターがどれだか分からない。たいていの超高層では二〇階まで行く路線と二〇階から四五階までの路線とか、いくつかに分かれているのが普通だ。エリア別に何機か広いエントランス・ホールに並んでいるところが多い。ここでは表示を見ても、どれに乗ればいいのか分からないのである。

これには慌てた。フリーターにとってクライアント様は「お代官様」のようなもの。こっちは「水呑み百姓」みたいなもんである。カタカナ言葉で本性が隠されているだけだ。一分でも遅れればギャラ・カットは世界標準である。それより要注意人物としてマーキングされて、正社員の若造に土下座しようが、次回の仕事はまずない。

九時五三分だった。窮してフロアを掃除するオジさんに声をかける。東京タワーから六本木ヒルズまで、東京ネイティヴの人間はできてからもしばらく行かないヤツが多い。なかでも天邪鬼(あまのじゃく)は一〇年もして、わざと寂れてから出かけたりする。地方出身者ほど新名所に詳しいんだよ。そういう逆立ちした自負がある。だから分からなくても全然恥ずかしくないのである。

「オジさん、オジさん！　忙しいとこ申し訳ないけど、一九階に行くにはどのエレベーターに乗ればいいの？」

「そうさなー。オレもよく分かんねけど、乗り換えさするらし」

これがすばらしい秋田弁だった。フリーター仲間に秋田県本荘に近い由利という山間の町出身の現代音楽家がいる。雪に閉ざされた町から来た温かなやつだ。酔っぱらった彼がピエール・ブーレーズについて訥々と喋る言葉に近かった。だから少しは分かるんだな。

「おが（たくさん）あってなー。こっちさ行ぐらし」

モップを持ってホールをぐるりと回り、連れていってくれたエレベーターは、残念だが一五階止まりの各駅停車だった。そばにいたチリトリを持つ青い制服の仲間に聞いてくれる。その若いのがチリトリで指す裏側に回って、やっと一五階行きの急行列車が見つかる。秋田のオジさんはそこまでついてきてくれたのである。

「どうもありがとう。仕事中すいませんでした！」

夏の日のシューベルト

飛び乗った大型エレベーターの時計が九時五七分。高速で音もなく上昇する無言の箱の中で「感銘を受けた」と言おう。超高層の金融カテドラルに秋田の粉雪が舞っているのか。気圧の変化で鳴る耳鳴りの底から東北弁の「冬の旅」が聞こえてくるのである。

爽快だった。オフィス人たちが行き交う朝のホールでウロチョロするフリーターの言葉に、なんのためらいもなく応えて、我が事のように世話を焼くこのオヤジさんが。急ぐ男女のキャリアたちはそんな奇妙な場面を見ずに見て、すぐさま記憶を消去したろう。そういう自動回路が脳内にセットできなければキャリアになれない。彼らそして彼女らは、こちらが声をかけるスキさえ与えないように自分の居ずまいを改造しているはずだ。これをスキルアップという。

スキだらけの人間たちを若い頃の私は山谷の街で見てきた。道ばたで初めて会った二分後には大声でこちらの名前を呼ぶオッサンがいる。三〇分後には立ち飲み屋で一緒に焼酎を浴びている。

酔ってなんだかんだと怒鳴り合い、気がつくと互いに無一文である。そして深夜に別れて朝五時に叩き起こされると、そぼ濡れた雨の歩道でオッサンは冷たくなっていた。そんなこともあったっけ。こちらもスキだらけだったから。いったいスキのない人間などなんの面白味があるのか。まだオッサンの手が握りしめるワンカップを路上に叩きつける。そのオヤジも秋田の言葉だったな。

一〇時キッカリ、受付のインターフォンに辿りつく。待っていたのは、二七、八くらい、痩身の女性エディターと高血圧フリーターの堀田さん。彼もスキ間でできているような人間だ。仕事は、アマゾン川流域奥地にある古沼で汲み上げられたという湧き水でできたサプリメントの代理店勧誘用パンフレット。ネットワークビジネスとかいう販売方式らしい。ピンと来た。悪代官みたいな担当者じゃないが、「派手なビルには必ず怪しい企業が入るから気をつけろ」というのが、オレたちの生きる知恵である。

冒頭の表紙裏にまず法律に触れる禁句のリストが並んでいる。読んでいくと、代理業者のターゲットは四〇~七〇代の地方在住者たち。商品を購入できる程度の小金は貯め込んでいるが、減った年金も土地の値下がりも不安で、つい手を出してしまう層に違いない。茨城出身の堀田さんや秋田からやって来た現代音楽家君の親たち、掃除のオジさんたちの顔が浮かんでくるのである。またしても詐欺の片棒ってわけか。

七月末の暑い日、仕事をしながら高橋悠治版「冬の旅」が耳の底で鳴っている。現代音楽フリーターも悠治のピアノが大好きだったな。一八二八年、三一歳でチフス菌に侵されて死ぬシューベルトが前の年に作った歌曲は、どんな空調より体の芯まで冷やしてくれる。

16 酔い醒めの朝、銀座三丁目で

目の前には焼酎のビンが並んでいる。

十数種類。形や大きさはまちまちだが、どれも深い緑や黒の分厚いガラス製で、貼られたラベルには力みかえった太い墨痕がうねっている。いかにも地場の火酒といった野太い面構え。なかには、獅子頭を象(かたど)った金色の陶器の栓がついていたり、ほっこりと藁の衣をまとったものもある。

黒澤明の『羅生門』で三船敏郎が地べたに坐り込んでかぶりつきそうなやつ。「マンガ日本昔話」の囲炉裏端にでも転がってそうな剽軽(ひょうきん)で土臭いやつ。いずれ劣らぬ不敵な面構えである。脇にはウォッカ、テキーラといった、これもまたアクの強い遠来の賓客たち。首の長いスレンダーなワインの淑女たちが棚の奥に佇んでいても、これじゃ目立たない。

ここは新橋駅ガード下の焼鳥屋か。それとも常磐線三河島の地酒酒場なのか？　いや、銀座三丁目松屋ウラにあるオフホワイトのオフィスビル七階である。

朝八時から酒を飲んでるワケじゃない。仕事をしているのである。九月が「真夏」に編入されてしまった「亜熱帯東京」でも、デパートやブランド店が開店する前の銀座の空気はしっとりしている。まだそこへ皆さんが出勤する前だ。酒ビンの向こうの窓から窺えるマロニエ通り、午前八時三八分のこの静けさがいい。パリのブールヴァール風街燈に石組み舗道のこの街全体が大人向けの高級テーマパークだとしても、浦安沖にあるプラスチック成型のシンデレラ城とは違う時間が、そこには降り積もっているのである。

そもそもだ。一九世紀のパリやロンドンこそ、ガラスと鉄の万国博とともに造られた超豪華テーマパークだったのは、まだ若い頃に読んだベンヤミンが教えてくれたっけ。無頼の詩人ボードレールや騒動師ブランキを連れて歩いた豪勢な街歩きに、生意気な若造だったオレたちは泥酔したものだ。酔いの醒めた裏道の早い朝には、目鼻立ちの整った素っぴんの女性が似合う。化粧を落とした大人の素顔が見える。「新宿、渋谷、池袋じゃ、百年たってもこんな風情は生まれない」なんてことを、ベルリン生まれのフリーター思想家が死んだ齢をとうに越えてしまった男は、頬杖をついて思うのである。

fool on the bar

バーのカウンターで仕事をするなんて、いくらなんでも初めてである。目隠しのパーティションには「rest space」と書いてあった。

七階でエレベーターを降りると、すぐ目の前に総ガラス張りのエントランスがあった。受付を兼ねたミーティング用のスペースらしいが、まだ開いていない。ガラス越しにポトスらしい観葉植物の間に白い丸テーブルが四つくらいパラパラと見える。カフェ風でかなり広いが、九時始業だから外来者はまだ入れないということか。

今日は一人だ。ケータイで事務所から教えられた番号に電話すると、テーブルとポトスの数を数えている間に担当者が来た。細身のストライプ・スーツに尖った茶の靴でスッキリまとめている。三〇代初めに見えるgoatee（ヤギひげ）君が、ガラスの向こうで何か言いながらカードキーを解除した。両手一杯のゲラの束で示す先に案内されたのが、ロビー奥の陰になったここである。

どう見てもバーだった。ここしか場所がないという。

ファッションの決め方から今どきのネオリベ系高飛車サラリーマンかと思いきや、言葉遣いが意外にていねい。高いバースツールに載せられ、すばやく時候の挨拶を繰り出しつつ名刺を出されても、五年前に大学非常勤を首になって以来こちらには出す物が何もない。病院のカードか台湾料理屋のスタンプカードくらいである。個人情報法だの製造物責任法だのとうるさい近頃、これじゃ「怪しい人物」である。

それでもOKである。要するに使い捨てのデータチェック・マシーンに名前も肩書も必要ないのだろう。眼に手と足が付いてりゃ、頭も顔もいらない。コンプライアンスとか持ち出されて、末端のそのまたお尻の端のこちらに責任を押しつけられるよりいいけどね。

説明を受けながら、カウンターに並ぶ酒ビンたちが睨んでる視線を感じる。ムダな知恵がまた頭に浮かんだ。英語でrest roomじゃトイレだぜ。rest areaはたしか高速のサービスエリアだった。resting placeはつまり墓場で、いくらなんでも皮肉が効きすぎだよ。そうか、rest spaceで「残りの場所」ってことか。ハハハ、その通りだよ。けっこう洒落の分かるクライアント様なのか、それとも、ただの恥ずかしい和製英語なんだろうか。

郵便はがき

お手数ですが
切手をお貼り
ください。

１０２－００７２
東京都千代田区飯田橋３－２－５
㈱　現代書館
「読者通信」係行

ご購入ありがとうございました。この「読者通信」は
今後の刊行計画の参考とさせていただきたく存じます。

お買い上げいただいた書籍のタイトル

ご購入書店名

書店　**都道府県**　**市区町村**

お名前（ふりがな）

〒
ご住所

ＴＥＬ

Ｅメールアドレス

ご購読の新聞・雑誌等　**特になし**

上記をすべてご記入いただいた読者の方に、毎月抽選で
５名の方に図書券５００円分をプレゼントいたします。

本書のご感想及び、今後お読みになりたい企画がありましたらお書きください。

本書をお買い上げになった動機（複数回答可）

1. 新聞・雑誌広告（　　　　　　　）2. 書評（　　　　　　　）
3. 人に勧められて　4. SNS　5. 小社HP　6. 小社DM
7. 実物を書店で見て　8. テーマに興味　9. 著者に興味
10. タイトルに興味　11. 資料として
12. その他

ご記入いただいたご感想は「読者のご意見」として匿名でご紹介させていただく場合がございます。

※新規注文書↓（本を新たにご注文される場合のみご記入ください。）

書名　　　　　　　　冊	書名　　　　　　　　冊
書名　　　　　　　　冊	書名　　　　　　　　冊

ご指定書店名

書店　都道府県　市区町村

ご協力ありがとうございました。
なお、ご記入いただいたデータは小社での出版及びご案内やプレゼントをお送りする以外には絶対に使用いたしません。

「弊社『サイバー・モーティヴ・インスティチュート』としましては、この度……」とヤギひげくんの口上が続いている。

直訳すれば「仮想やる気研究所」か。こりゃあいい、ホントに冗談の分かる方々かもね。肝臓がいかれてもう一〇年、二日酔いで昇ってくる胃液の味さえ忘れてしまったのに、酒ビンたちに囲まれてなんだか酔っぱらってきた。仕事内容の説明が全部ジョークに聞こえる。

いけねー仕事だよ。朝八時だよ。シャキッとしなくちゃ。「この分量を昼までにお願いしたい」。この墓場じゃなかった酒場、じゃなかった「お休み処」にお兄さんやお姉さん方がやってくる昼前に仕上げろってことか⁉ 身分証もない人間を生体認証キーの向こう側のオフィスに入れるわけがない。だから「始業前八時から打ち合わせスペースで一二時までに。そのかわり時給にプラスα」と事務所とは話がついているらしい。

選択肢なんてない。ケータイ電話会社から来る娘の請求書金額が瞼にちらついた。とんでもなく高そうな酒ビンたちが、こちらを見て笑っている。

やる気対スーダラ

――いわゆる「御社」ですね。その「仮想やる気研究所」が運営する大学院進学サイトに出稿している八大学、総計五〇枚近いプリントアウトを実質三時間半で見るってことか。今日のお仕事はきついよ。

一時間あたり約一五枚、三～四分で一枚を読み込むなんて、そりゃムチャクチャでっせ、というボヤキを気管支の奥深く呑み込む。ただちに、優雅にカーヴする厚さ二センチはある硬質ガラスのバーカウンターにへばりついた。

「わが国唯一」と御社サイトは謳う。とにかく珍しい業態の「仮想やる気研究所」は、およそやる気のない方々に活を入れるための「統合コンサルティング・ファーム」のようである。「御社の中に眠っている潜在的なマンパワーを引き出し、サイバー空間を通じて豊かにリンケージさせ、体験したことのないプラトー（高原）に到る総合的なプランニングを提供する、ソリューション・ビジネスの全く新しいモデル」と、渡された会社案内のトップページに掲げてある。

イヤハヤ、恐ろしいことです。

単なる自己ブランディングの高級化やギャランティの上昇を超えたモティベーション・アップファームでのすばらしい体験の数々。脳内イノベーションのためのサイバー&リアル・ブートキャンプあり。モティベーション形成を誘うラグジュアリーな会員制クラブあり。「モーティヴ・マネジャー」養成講座もオプションとして完備されている――。

でもね〜、farm ってのは隔離されたアル中患者療養所のこと。brand はもともと家畜や罪人の焼き印で、boot はもちろん戦争大好きなアメリカの新兵訓練基地だろ。イラクやアフガンでバタバタ死ぬためのさ。

思い出したのは、先月一月ずっと行っていた裏原宿にある受験産業の現場である。

現役の受験者数が大学の総定員数を下回って、実質的に全入化して以来、今や大学は義務教育と変わらない。知り合いの予備校講師も大学に派遣されて高校の補習授業をしている。バイオテクノロジーに進む学生に生物Aを教える。ＩＴ専攻の学生に物理Aの手ほどきをする。いかがわしい新設学部、水増しの志願者数、資格講座ばかり並ぶ専門学校化、となんでもありである。

とにかくお客が減るんだからしょうがない。それでも院は学部より倍以上金がかかる。就職も遅れる。団塊オヤジの蓄えも消えていく。いきおい大学院も「お客様学生」の奪い合いになる。実際、法科大学院ができて司法試験専門予備校がいくつも消えたが、多すぎて院さえ潰れそう。そんなわけで大学院志望者向けの専門広告サイトが生まれたのである。そこに巨大代理店も情け容赦なく参入している。

そのあげくに「仮想やる気研究所」の登場だ。学生さまに、サラリーマンさまに、ＯＬさまに、なけなしの「やる気」をムリヤリ絞り出させて、大学院までお連れしましょう。有り金を吐き出させましょう。ＭＢＡ（経営学修士号）だ。ＣＰＡ（米国公認会計士）だ。ＭＲ（医療情報担当者）だ。国際公務員だ。貴大学に誘導するキーワード管理に注力して、貴大学院をとにかく検索エンジンの上位に！

分かった、分かった。とにかく巻いていこう。あと三時間もない。尻に火がついている。こんな時には、どういうわけかいつも「スーダラ節」が歌いたくなる。

クレージーの銀座

銀座通りの二本裏、狭い三原通りから背の曲がったホームレスのおじさんがリヤカーを引いて西銀座の方に向かっていく。カウンター奥の丸窓から、遠く小さくその姿が見えた。しばらくして、積んでいる何か大きな物体に隠れて体が見えなくなる。たぶん段ボールの山なんだろう。

あれでいくらになるんだ？　とふと思う。

「大阪じゃ今一キロたった六円だよ」。その道に詳しい人に聞いたことがある。すると一〇〇キロでも六〇〇円か。その半分でも載せたリヤカーをあの歳で引けるんだろうか。人の絶えた夜明け前から動き始めて、やっとどこかへ帰るところらしい。オレには絶対できないよ。

一三〇年前、この辺りに最初の洋風煉瓦街が造られた。この時そこにあった貧民街に住む人々はむりやり三ノ輪に移住させられたと、モノの本で読んだことがある。自分が物心ついた一九五〇年代の終わりにも、まだ銀座通りの三越や松屋側には夜店が出ていたことを薄く憶えている。そんなことは、欧米ブランドの旗艦店が競って豪奢なビルを並べるメーンストリートで、家畜の焼印を押されたbrand物を買いあさる方々にはどうでもいいことだろう。

「私の銀座」には植木等の歌がよく似合う。京橋から銀座、有楽町へと、高度成長の初めに作られたクレージーのミュージカル映画の舞台はこの一帯のイメージで作られている。慎太郎&裕次郎の湘南じゃないんだよ。一一時すぎのひと休み、壁の向こうに誰もいないのを見計らって小声で口ずさんだ。

♪やる気のない奴ぁ、俺んとこへ来い。俺もないけど心配すんな。

見～ろよー高いビル、低～いギャラ～。そのうちなんとかな～るだろう
「仮想やる気研究所」のカウンターで、与那国島からやって来た古酒「土南（どなん）」のどっしりとした甕が腹を抱えて大笑いしている。

17　荒野の校正マンたち――東上線朝霞篇

人が駅を土石流のように移動する朝の時間に、流れとは逆の方向に向かうのはフリーターの小さな愉しみの一つ。ラッシュが嫌でこの仕事に流れてきた元ＯＬもいる。今日は東上線で埼玉まで出かける仕事が入って、わけもなくウキウキしていたのである。珍しく朝の九時からだった。

とんでもなかった。人間の大津波が押しよせる新宿駅で溺れそうになる。丸ノ内線からＪＲへ向かう東口地下の曲がりばな、ものすごい急流にぶつかって、スーツを決めたキャリアレディが振り回すプラダのポーチに付いた金具がメガネすれすれの空を切った。と思うと、ホーム階段の端に設けられた一列だけ上り専用の枠を逆走し、全速力で降りてくるバックスキン・ブーツの女性を、壁に貼りついてかわす。そんなことの連続である。

この十数年、都内の裏ぶれた場所をうろつく間に、人の流れがすっかり変わっていたのである。埼京線で逆方向の池袋へ行けば、ひょっとして坐れるかと淡い期待を抱いたのが甘かった。長い新宿駅一番ホームの果てまで行くと、そこには整列乗車のネズミ人間たちが溢れていたのである。ムリヤリ乗り込んで着いた池袋で降りる人もパラパラしかいない。これは高度成長期の満員電車か？

降りるだけでも腰がきしむ、息も苦しい、節々が痛むの三重苦である。

どうもおかしい。中央線や私鉄の沿線から新宿駅乗り換えで大宮あたりに通う人が増えたらしい。働く人間たちの流れが四方八方に散る乱気流状態になっていたのである。都心五区への集中じゃない。サブセンターみたいなタワーオフィス街が東京圏のあちこちにできている。その間の空間はワンルーム・マンションで埋めつくされた。毎朝そこから湧いて出る人間たちが直結した地下鉄で撒き散らされる。そんな感じがする。

空気の抜けた風船みたいになって北口の改札を出ると、また池袋の地下をうろうろする。三回しか乗ったことがない東上線の改札をなんとか捜して、小川町行き各駅停車に飛び込んだ。作業着の元工員さん風年寄りと、大股広げて昏睡するデカい高校生男子のすき間に体を押し込む頃には、ピクニック気分はあとかたもなく吹き飛んでいたのである。

校正九人組

「自衛隊フェスタにようこそ！　ボランティア募集中」とＬＥＤの掲示板が瞬いている。気がつくと和光市駅だった。昨日まで一週間も窓のない部屋で全紙大のスーパーちらしにへばり着いていた眼には、このキラキラ電飾がつらい。前頭葉に高圧電流を流されたようだ。遠足の小学生になって外を眺めているうちに、朝霞に着いた。

空がやたらと広い。埼玉の空はとにかく真っ青である。眼球がその青に吸いとられる。高層化する七〇年代の都心部で唐十郎が「ビルの谷間はクジラの腹の中で生きるのと同じ」と言ったのを思い出した。『白鯨』の主人公イシュメールがモービーディックの巨大な腹の中でもみくちゃにされたあげく、やっと飛び出した気分だった。

今日は九人である。高架のホームからエスカレーターで南口に降りていくとバス・ターミナルが見えた。白い鉄骨が彎曲(わんきょく)したルーフの下には見知った顔がもう四人来ている。手を上げると、ニカっと顔を崩す元コピーライター。絵本を書く元青年はデニムのジャケットを羽織っている。何も反応しない三〇年前の高校野球選手。そして、苛ついた表情が貼りついたような二五歳の正体不明。こちらは都内組だった。

青い空気を吸って気持ちがいい。新宿で疼き池袋でズキズキした偏頭痛が、いつの間にか静まっていた。秋の空を胴体の太い飛行機が一機、南の方へ飛んでいく。


「あの図体じゃ兵員輸送機かな?」。コピーライターは飛行機オタクである。

「そういや、空自の基地が入間にあったよな」と応えるのは、過ぎし日の野球少年。

「行く先は復活した座間ベースってとこか」。入ったばかりのこの若いのは、どうして基地に詳しいんだ。

「高いんでしょうね〜。あれで何十億?」と金に換算してしまうのは、なぜか二冊目の絵本を出したばかりのエコロジストである。


すぐに三人、リーゼントやオールバックで雰囲気の違う連中がエレベーターを下って来る。全員初めて見る人たちだ。こちらとは逆方向、坂戸から池袋行きで来たという。

「そりゃあ遠いですねー」
「いや〜、なんたって沿線で一本だから、都心に行くこと考えりゃ楽勝ですよ、楽勝」

このノリは気のいい呑み屋のオヤジみたいだった。三人とも同じ市営団地でリストラも同期の桜らしい。どうやら前職がワケありって感じだが、こちらからは聞かないことにしよう。最後にキャップを被った若い人がエスカレーターを急降下して全員そろう。

これで男ばかり九人。工場系で現場が遠い仕事は女性が行きたがらない。「安い、汚い、怖い」つまり「ＹＫＫ」ってわけか。オレたちだって行きたかないよ。でも最近じゃ出版社の女性編集者たちから、うら若くないオジさんたちは「ノー・スモーキング」でも煙たがられるのである。

青空とＹＫＫ

「じゃあ、気張って行きましょうか」

なんで私が先導するのか分からないが、いつもなんとなくそうなる。

みんな初めての場所だった。手には事務所からファックスされた地図やネットからプリントアウトした紙を持っている。企業サイトのアクセス案内には「駅から一〇分」とあった。てことは急いでも一五分ということである。駅前広場の左右には居酒屋が一軒ずつ、その間に、パチンコ屋にファストフード店、カラオケと不動産屋。向かい側の雑居ビルにはコーヒーチェーン店、レンタルＣＤ屋に進学教室。客待ちタクシーも一台停まっていた。半端に開発された郊外駅前の安直商店街ワンセットがそろっている。侘びしい広場を抜けると左へ折れて、ひたすら南東へ向かったのである。

まだ二〇代に見えるのが二人、三〇代終わりらしい坂戸三人組、そして四〇の坂を上り五〇の崖をすべり落ちた私たち古株が四人である。この沿線で暮らす坂戸組以外は左右をキョロキョロしている。最初に現れたのはご立派な破風に下がり松の和風邸宅。すこし行くとあまり趣味のよくない建売住宅やプレハブ造りが並んでいる。そこを過ぎると畑が広がる。金属加工やプラスチック成形関係の工場がポツポツと出てくる。そのどれも屋根が錆びているのである。

怪しい男ばかりの行列。実はオレたちの頭もかなり錆びが出ている。遠くに見えるのはロードサイド店のネオンサインの数々だ。この間に誰一人すれ違わない。「夜は犬でも危ないんじゃないですか」と西荻から来たキャップ青年は帽子を逆にして言うのである。

自己紹介は着いてからだ。一つだけ聞いてみよう。

「皆さん、今日の現場は交通費出ないって知ってます?」

足を止めずに観念したような顔で全員こちらを見る。「でもぼくら東上線一本ですから」と坂戸組リーゼント氏が反応した。「こういうの慣れてますから」。ここまで来るのに一四駅だという。

「慣れたくないよな、こんなこと」。ツッコムと青空の下で乾いた九種類の笑い声が、パサパサに乾いた畑の土に吸い込まれていく。

「YKKなんだよ、オレたちはさ」。後ろから聞こえたその声の主が誰か分からなかった。愛想のない四階建ての工場が見えたのは、その先の雑貨屋を右に行ってすぐである。

海亀のいる部屋

二階の広い会議室に通されると、いきなり二頭の大きな海亀がいた。もちろん剝製である。正面の壁に並んで掛けられている。暗い茶褐色の壁。黄色くなった古い蛍光灯。ニスの剝げたサイドボードにホコリを被った熊の彫物や造花が、二〇年も前からそこにあるように置かれている。大きな会議テーブルには三〇人くらいは坐れるだろう。すべてがセピア色の部屋。イカ墨色の空間で、黄色とオレンジの混じったような海亀の甲羅ばかりがテカテカと光っている。まるで水族館だ。甲羅の長い方の径は八〇センチ以上あるだろう。

「こりゃ近海に多いアカウミガメでしょ」。西武池袋線ひばりヶ丘から武蔵野線と東上線を乗り継いで来た松村さんが妙に詳しい。

顔色も制服もイカ墨を塗られたような担当者が来た。手には「京都西遊マップ」二〇五ページ分の責了紙とゲラを重そうに持っている。

「ルーペで確認する記号がいっぱいの地図が半分で、一人一日二〇ページも見られればいいところ」。挨拶もなしに、そう言い残して奥の作業場に消えてしまった。朝早いのにもう「翳りゆく部屋」である。快晴なのに深海の底のような工場である。開いたままの扉の向こうで動く社員の人たちが海原に漂うクラゲの群れに見える。ＹＫＫかよ。まあ怖かないけど不気味だよ。

「とにかくやろうぜ。今日は残業覚悟ってわけだ」。こういう所で時間外割り増しなんて「二〇世紀の神話」なのは誰でも知っている。と思いきや、パンクス風がすかさずブーイングを入れる。

「ヒデーよな。オレなんか江東の外れから東西線や山手線、東上線と乗り継げば、往復で一三〇〇円以上かかってる。残業代なきゃたまんないよ」

「私なんか千葉の八街でっせ。こんな『関東平野横断旅行』ときた日にゃ、弁当二食も作らにゃたまらへんわ」と、短髪の田川さんが弁当箱をポコポコ叩く。

この一発芸でやっと座がほぐれた。亀も涙を流してるぜ。産卵の時に目から出る塩水がそう見えるらしい。この辺で肩ならしはもういいだろう。そろそろいくぜ。この手の地図物はキッチリ集中しなけりゃ必ずミスが出る。担当者を呼んで談判だ。一時間やって一〇分休憩のローテーションで進めることになった。頭上でキーンとジェット機が飛ぶ。こんどは嘉手納か、普天間か。

オレたちに明後日はない

夕方五時半過ぎ、キャップ君とパンクス君にコンビニからまとめて夕メシを買ってきてもらった頃、事務所から福沢さんに電話が入る。携帯を耳に当てると急に声があらたまった。切ってから少し考えると、話しはじめた。

「実は、同じ松戸で私の家に近い山川さんに一昨日から連絡がつかないらしいんです。レギュラーの現場も二日無断欠勤で、何度かけても携帯に出ないらしい」

全員の眼と手が止まった。彼の病気をみんな知ってるらしい。

「この仕事に入った頃に世話になったし、糖尿病だから一昨日もなんか気になって寄ろうと思ったけど疲れちゃってさ。行けばよかった」

悔やんだ声音になっている。待て待て、そう慌てるな。オレも親しいけど、インシュリン打ちながら酒呑んでたからな。しょうがないヤツだな。

「みんなで黒い服取りに帰ろうか。交通費出ないけどね」

これはちょっと言いすぎた。誰も笑えないのである。社会保険も有給休暇も休業補償も退職金も、オレたちには関係ないからだ。倒れれば即そこから無給の毎日。寄りかかる実家がなきゃ遠い公園か河原にでも行くしかない。

「イヤ、ごめんごめん。オレは山川のことよく知ってるからさ。大丈夫だよ。きっとすぐにヒョコッと現れるに決まってるよ」

全員の眼球が悲鳴を上げはじめた九時近く、福沢さんの携帯がまたブルブルした。出ると見る間に顔の強ばりが緩んでくる。連絡がついたという。気分が悪くて三日間寝たまま電話を切っていたらしい。明日は仕事に出られるようだ。とにかくミイラにならなくてよかったじゃないか。

四〇代のオヤジたちが、はかない付き合いの仕事仲間の危急にこれほどの動揺を見せる。福沢さんの狼狽ぶりが今日初めて会った連中にも伝染していた。現業系の仕事をしてきた人たちの心意気を感じるのである。オレたちは少なくとも最後のところでは助け合おうとしているんだな。

「ＹＫＫでアゴ足なし」でも明日はこの仕事の続きである。その先のオレたちに明後日はない。

18　羽田、一月六日午前零時

モノレールの窓から左手に見える超高層マンションが異様に明るかった。右側の東京湾は真っ暗である。

いわゆる「Uターン」というやつか。「帰省」という言葉の実感を知らない東京者は思う。

羽田を出てから昭和島を過ぎて京浜運河の上を通る頃、ちょうど零時を越えた。新年もこれで六日目。正月休みの静けさが去っていく東京の街は、福岡発最終スカイマーク便の小さなジェット機の窓から漆黒に見えた。ところどころで瞬く街の灯が、線香花火の消えそうな焔のようにオレンジ色に光っている。一月最初の土曜日の深夜、東京の人たちは飲み疲れ、遊び疲れ、テレビのバカ騒ぎに疲れて、眠り込んでいるだろう。早く家に帰って寝よう、風呂は明日でいいから。と言いながら家族三人で、土産の紙袋を抱えてモノレールの終電に滑り込むとガラガラだったのである。

夢見る東京

東京の静かな寝息が聞こえるようだ。一年に一度だけの深い眠り。ところが暖かな車内で浅い夢の中を漂っていられたのは大井競馬場までだった。

輝く千の窓、窓、窓。そこからカーテンの襞（ひだ）、ソファーの色彩、吊り下げられたシャンデリアの形まで見える。そんな四〇階、五〇階の光の塔が次々と現れ、垂れ込めた闇の中から浮き上がっている。「ホテルかな」と目を細めて、こんな時間にカーテンをフルオープンにしているホテルなんてないと気がついた。これがモノレールの進行方向左側に次々と現れる。東京湾を囲んで並ぶ高級タワーマンションの壁なんだ。

自分はウォーターフロントの超高層タワーに住んでいるという自意識が、その数千の窓の一つ一つから放射されているんだろうな。その集合した自意識さんたちが、対岸のお台場やディズニー・リゾートから放散されるイルミネーションの光線をワイン片手に見ているのかもしれない。乱反射する光線が建物の輪郭を膨張させる。そんな擬似マンハッタン風ライフ・スタイルに酔い痴れる皆さまが光り輝く窓の中で暮らしているという妄想が、疲れた脳髄の中で膨張したのだった。

この防波堤みたいなタワーじゃあ、巨大地震と太平洋から押し寄せてくる津波でいったい何人が助かるのか。銀座や渋谷まで海の底になる。そう思うと眼の前の豪勢な光の瀑布が、まるでLED電飾で飾られた大墳墓に見えてしまう。昨日まで行くところもない九州の町で暇を持て余し、ハリウッド製の大崩壊スペクタクルを見過ぎたせいなのか。中途半端な貧乏人が見る意地の悪い夢に違いない。

薄い眠りから醒める頃、浜松町に近づいた東京モノレールから見えるオフィス街は、暗い沼のような都心の闇に沈んでいたのである。

フリーターにも正月はある。
実は、ありすぎて困る。

深夜のモノレールで

特にこんどの年末はここ数年の半分しか仕事がなかった。巨象化した生涯教育産業の雄が「受験真っただ中」号の制作スケジュールを一気に二週間も切り詰めたからだ。下請とはいわなくなった「協力会社」の面々は辛い。「協力」の二文字を背負って皆さん泣きを見ただろう。私も泣いてしまったのである。一二月前半は毎日のように一〇人、二〇人の大動員で終電ギリギリの大騒ぎが続く。ところが後半は突然バッタリとなくなり収入ゼロ、ゼロ、ゼロの毎日である。そのままクリスマスに突入し、街路樹を彩るライトアップの輝きが憎かったことおびただしい。

印刷工場やプロダクションに行く連中も同じだったらしい。派遣業法による日雇派遣取り締まりや個人情報保護法が決めたコンプライアンスの強化で、かえって正社員並みにガンジガラメにされる。あげく収入は二分の一、そんなウソ寒い気配がジワジワと押し寄せる年の暮れだった。

建設業の派遣禁止？　そんなもの抜け道はいくらでもある。派遣会社の大手はいち早くデッカイ企業の系列下に逃げ込んだ。使う方にもコストカットのメリットがあるわけだし。法文にもあちこち抜け穴が掘られてるから、かえって現場はキツくなる。情報漏洩のリスクだって？　予防と称して互いを監視させただけじゃないか。工場で社員証もないのにタイムレコーダー押して、青い制服を着せられ、昼休みにラジオ体操やモップで掃除までやらせて、「皆さんは協力社員です」とかいう。「フリーター三〇万人減」なんて数字は、結局そういうことだろ。

年末どん詰まりに昼メシを放り込みながら話したのは、そんなことだったのである。

『鉄腕アトム』を読んで大きくなった世代にとつて、モノレールは「懐かしい未来」の乗り物だ。真ん中に車輪の出っぱりがゴッゴッしてるのも、なんだか「ミライ」っぽかった。「宇宙の貨物列車」って感じである。生暖かい列車の暖気に包まれて眠る中学生の娘の表情を見ながら、そんな忘年会の話を思い出していた。

この国の「未来」はすぐに古くなるんだ。正月三日ともたない。分厚くてジャマな元日特集号の新聞紙の束みたいに捨てられてしまう。結局「ゴジラ」にぶち壊されてしまうモノレールに乗ると、その儚さが腑に落ちてくる。超高層タワーのシルエットは、はるか昔の「未来都市」の残影だったんだな。この窓の外を一〇万馬力のアトムが飛んでいるのかも知れない。と思う間もなく、また眠り込んでしまうのである。

小雪降る佐賀

一二月二八日午後四時すぎ、佐賀駅前から県庁のある城跡に真っすぐに続くメーン・ストリートには人影がなかった。大陸から吹き降りてくる寒気の大きな舌が真っ平らな町を舐めていく。一〇年前は海外ブランドのショップも並ぶ県下随一のブティック街だったのが、神隠しに遭ったように消えてしまった。通りの店の八割が閉まっているのである。「テナント募集中」の紙さえ、ずいぶん前に剝がれたまま。帰省の人出と年末セールに湧くはずの街には、夕闇が下りて誰もいない。

城址の堀端近くに建つ閉店したデパートの一階はぶち抜かれていた。壊れた自動ドアから吹き込む北風にゴミが舞う寂しい駐車場になっている。二階、三階には小さな食品スーパーが入るが、床に段ボール箱を並べただけのスカスカな店内である。その上は八階まで完全に空っぽだった。五年前までダイエーや地元スーパーが軒を連ねたアーケード街にも、倒れた古自転車とはぐれた犬一匹しかいない。「日の丸」とかいう白い布に赤い丸の大きな旗が延々と垂れ下がって、首を吊った人の列に見えた。突風が吹き抜ける不気味な風洞である。みぞれ混じりの風が笑うように聞こえている。

町中から車で一五分くらいの場所に大きなモールが次々とできる。ところが新しいそれができると、たちまち人波が移動し、古い順にシャッターが降りていくようになった。どこでも似たような量販店とブランド店、一〇〇円ショップにファストファッション屋ばかり。そんなことは百も承知でモールを歩いている人たちも、「仮想消費」にいい加減飽きたのだろう。「旧市街自営商店ＶＳ郊外大型モール」なんて図式はもう昔話である。遠く天山の西側に落ちていく夕陽の影になって、どこのショッピングモールもスクラップ寸前に見える。モールさえできない隣の大牟田の人たちには、その廃墟が羨ましいらしい。

廃墟の町はもうただの「日常」である。

年が明けて、新年の地元紙もテレビも県知事の談話も、この状態にたった一言しか触れなかった。「これでイイのだ！」とバカボンの親父みたいな声が佐賀平野に響く。つい数年前には市内のエリート高校生が包丁を振りかざして長距離バスをジャックしたはずだ。あの緊張感はどこへ行ったんだろうか。切りつけられた女性が「顔の傷の意味を考えたい」とコメントした、あの密やかな声音はもう聴こえないのか。

九州の首都で

「九州北部で自動車部品工場が倍増。
二〇〇六年の二五から、〇七年は四九工場に」

BS深夜のモータウン・ヴィデオクリップに体を揺らして年を越した妻の実家の朝だった。眠い目にゆるく入ってきた地元紙による元旦トップ記事の見出しである。

窓を開けると、雪を呼ぶ冷気と一緒に車の騒音が飛び込んでくる。この町では少し歩くと古びた鳥居にぶつかる。そういう神がかった町に繰り出したファミリー・カーの音だった。

朝の空気が緩んだ脳細胞を引きしめてくれる。そうか。壊れた町に残った家の息子や娘たち、まだ年金のもらえないお父さんやお母さんたちが、こういう工場やその周りの仕事に働きに行くようになった。筑紫平野全体に広がる工場群へ、あの小さな車に乗って出勤する。企業の中心はもちろん博多の街にある。その向こうに中国大陸の大市場があるからだろう。そんな地元民たちの初参りである。

年が明けて出かけた博多駅の周り、天神の繁華街は初売りセールに群がる女性たちの熱気に包まれていた。壁も天井もブラック一色に統一された地下街には、昼間でも星の帳が降りている。東京の地下よりよほどシックで小洒落たパサージュである。佐賀で足を運んだのは、アーケードの外れにポツンと残ったお汁粉屋くらいだ。ここ福岡ではちょっと無理して隠れ家めいたイタリアンに舌鼓を打つ。この街は九州全体の首都になったのである。「道州制」はもう成立している。ホームレスとフリーターがいるのは九州でここだけってのは、そういうわけか。

中国で売れる車のコストに見合う賃金が、佐賀に居残る地元民たちの糧になる。その降り積もりがコンパクトカーの行列となって目の前の道を過ぎていく。その車で郊外モールに通う。月に一度は長崎本線片道二〇〇〇円の特割チケットで天神に出かけるという。ついにやって来た新幹線のありがたい恩恵で九州の町という町は福岡の下僕になった。

下僕には下僕の「愉しみ」がある。なんだか低温ヤケドでもしそうな、ぬるい空気がこの佐賀という町を被っているのである。

くたびれ切った未来へ

あの時、バス・ジャックした少年は一体どこに向かおうとしたのだろうか。福岡でも東京でもないような気がする。もし捕まらなかったとしたら、今ごろどこにいるのか?

ゴトンと音がして目が醒めた。浜松町にモノレールが着いた。四五年のサビやシミがそこら中に浮き出したガランとした深夜のホームである。

特殊メイクで衰えを隠した「未来都市東京」に私はまた帰ってきた。地下鉄はとうに動いていない。財布の中身をそっと覗く。そして家族三人、ニューヨークにはもうない「世界貿易センター」の下に降りてタクシーを探す。

19　両国、二つの国の境目あたり

「あの左の方に見える、ちょっとケバい建物はなんでしょうね。立派な寺には違いないけど」

「築地本願寺っぽいね。あれほど〝水木しげる〟してないけどな」

「ハハハ、たしかに築地のあれは東南アジアの妖怪みたいだ。でも、こっちのデカイ屋根のハネ方とかも全然枯れてないよね。ちょいオリエンタルって感じで」

五〇代のオヤジが三人並んで、見晴らしのいい窓からボーッと景色を眺めている。最初の声が、六本木芋洗坂の生まれで、五年前まで某大新聞社写真部のカメラマンだった松波さん。次のウンチクの多いのが新宿通りの岡場所裏で生まれ育った私。最後のサラッとした声が、小石川春日通り沿いにあった古い大工道具屋の息子、デザイナーの塩沢さん。

両国の国技館や江戸東京博物館の裏手あたり、印刷屋さんには見えないきれいなビルの八階である。よく晴れた三月初めの木曜日だった。どうやらあのビルは築地本願寺の御坊というのか、慈光院というらしい。携帯でさっそく松波さんが調べてる。ムダな教養もたまには当たるのである。

「なんだ、三人とも明治より前からいる『先住民』じゃないの。でも〝江戸っ子〟じゃないんだよね」

駅前レトロ喫茶の先住民たち

「そうそう、西から見りゃ〝江戸〟ってのはそこの隅田川の向こう岸、っていうか、つまりここなんだけど。初めは神田や四谷見附くらいまでが朱引きの内。池波正太郎の小説でしょ。変な言い方だけどオレたちは〝江戸の東京っ子〟だもんね」

「そうなんだな。大川の東はアナザー・ワールドだよ。下町情緒とかいうけど、なんだか落ちつくようで落ちつかない。世田谷生まれで立教育ちのあの漫画家、なんてったっけ？　そう西岸良平(さいがんりょうへい)のマンガ『三丁目の夕日』は昔行ってた江戸川橋の印刷工場裏にあるトンカツ屋で、油ベトベトのきたね〜雑誌を読んでて、まあ許せたけど。あの映画の方はどうもねー。嘘臭くてたまんない。それくらい〝下町〟なんてインチキだよ」

オレたちは占領された「隅田川西岸」の先住民だった。「西岸」っていや、パレスチナじゃないか。じゃ東京のガザはどこかって？　足立区あたりかな。それは分かんない。誰に占領されたのかって？　薩長なのか、明治の大官どもか、高度成長サラリーマンの大群なのか、金塗(まみ)れのバブル野郎どもなのか――。

「たぶん全部だよ。とにかく占領されたんだよ、オレたちは」

ランチタイムに総武線のガードを潜り、川筋がちらっと見えるホテル・ベルグランデの二階で中華定食A・B・Cを食べる。私はAである。Cのカニ玉がうまそうだったな。

喰い終わって外に出ると、チェーンのコーヒー屋が一軒もない。それで入った両国駅ナカと駅前の中間あたりにある昭和レトロ丸だしの喫茶店で、オヤジたちの「東京ウエストサイド・ストーリー」が盛り上がるのである。すぐ傍の相撲茶屋めかした酒場から相撲甚句が渋く聞こえてくる。そんなところで、なんだってオジさんたちは虚勢を張っているのか。

甚句のお囃子やガード下の電車騒音に煽られて、西側の「東京弁」がぐいぐい迫り上がる。落語みたいな江戸ことばじゃないし、ＮＨＫの標準語とは全然違う。もちろん今の東京語もどき、つまりテレビで関西から来た芸人たちがマネするあんな言葉のワケはない。ずっと前にあの世へ行っちゃった古今亭志ん朝、歯切れのいいあの口調だよ。シャキッとした言い回し、ポンポンと畳み掛けるリズムには似ていたかもしれない。

オレたちには金はないけど、ムダな知識はけっこうある。そのムダが災いして五十過ぎてもフリーターだよ。店の客にはそんな「負け犬の遠吠え」に聞こえただろう。周りのおじさんやおばさんたちが迷惑してる。東京ミッドタウンにはいない色褪せたナッパ服やアッパッパを着た人たちが呆れてる。「赤いスポーツカーに乗った赤い詩人ブレヒト」、じゃなかった車とマイルス好きの志ん朝師匠どころか、オレたちは「テンプク・トリオ」だった。いやいや「転覆」はいけません。そんなこと言ったら、きょうび「共謀罪」で御用じゃないか。

バブル崩壊万歳?

一九六〇年代前半の港区、新宿区、文京区あたりで育った小学生たちは、夏休みにはみんな千葉の臨海学校や信州長野の林間学校に行っている。

「そういや総武線に乗ると、そこの両国橋あたりから別の国って感じだったなー。当時はドロッと濁って臭かったけど、ともかく水の臭いがする。渡ると左右の家並みが低いこと、土地が真っ平らなこと。あれここはどこ？　とガキが思ったのはそれだったんだな」とゴマ塩短髪の松波さんが言う。

「よく憶えてるな、そんなこと。潮干狩りとかで千葉には何回も行ったんだろうけど、全然憶えてないよ。さすがカメラマンの眼」てなこと言って、マゼっかえすのは私である。

「いやいや、空が広いなー、高架線が気持ちいいなーって窓から見てたよ。顔出そうとして先生に怒られた。荒川を渡る時には横なぐりの風で車体がガタガタいって、スゲー怖くてね～」。塩沢さんの思い出には体の動きがある。

三人ともず～っと東京二三区の西側にいる。半世紀経てばさすがに少しは移動したが、それもほんのちょっとだけ。元カメラマンは高田馬場、元デザイナーは荻窪、私にいたっては新宿の実家の隣町である。まるでアリの移動だ。東京はつまんない。もうオレたちの街じゃない、とか言いながら出られない。金がないのと、この体の芯がウンと言わないのである。

写真の業界人らしいアウトドア・ジャケットを椅子の背にかけて松波さんは言う。「サラリーマンになった同世代の連中はさ、まあ千葉の造成地とかに家を買ったでしょ。デカイ会社の人は川崎の麻生区とか、北鎌倉とか、オレなんか全然知らないどこかなんだろうけど」

「そんなもんでしょ。オレの昔の仲間たちも住んでるよ。千葉でもいろいろ棲み分けがあるらしいけどね」

その細かな生態分布が、業界地図や企業ランク、社内階級の熾烈でオソロしい実態に疎い私にはまるで分からないから、テキトーなことを呟く。コゲ茶のコートは膝の上だ。

「だけどね〜。麻生区っていうけどさ、オレは昔住んでたんだよ、どういうわけか田園都市線の沿線で各駅停車の駅前物件にさ。一〇年ぐらい前だからバブル崩壊した時だけど、これがすごいんだな。乗ってるサラリーマンたちの顔が引きつってる、すさんでる。もうカリカリして酔っ払うと電車の中ですぐケンカになるんだぜ。毎晩見たよ。ホウホウの態で二年で逃げだしたよ」

塩沢さんはオシャレだ。少し古いが黒い細身のハーフコートをいつも着ている。「着流してる」感じだ。麻生区での離婚話はとても聞けない。

「ってことは、どういうこと?」。二人一緒に声が出た。

「つまりね、『金妻』とかに乗せられて、ムリして買っちゃった人が大変なんだよ。旦那は給料大幅ダウン、リストラ、転職、失業に自己破産。奥さんは離れた駅のスーパーで隠れるようにパートだよ。各駅停車で駅から遠くてもバブルで高かったローンの支払いや、私立に行かせた子供の学費がもう恐ろしい。でも近所の手前、車のステータスも下げられないし、資産価値ガタガタで家も売るに売れない。金網のカゴに捕まったネズミがそのまま水槽に放り込まれて、断末魔状態でキーキー泣いてるわけ。電車が留置場の雑居房みたいでヤバかった。いやそんなとこ入ったことないよ。映画で見ただけさ」

割れた街の地肌

「また今、バブル崩壊でしょ。東急沿線だから『リ・バブル』の終わりってか!? ハッハッハ」と松波さんだ。

「そうさ。それで思うんだけど、あっちこっちで逃散したサラリーマンたちが、都内の安くなった窪地の陰みたいな物件に落ち延びていったでしょ。宮前平から荻窪の裏通りに落っこちたオレなんか、はまりすぎで笑っちゃうんだよ。フリーのデザイナーなんてバブリーもいいところだから。それでしばらくすると、新貧乏人のサブカルというかアングラ文化リヴァイヴァルみたいなものがその辺から湧いて出てくる。それが面白いよね」

オレたちは開き直っていた。

「ウーン、楽しいよねー。バブル崩壊って。地面がバクッと大口を開けることなんだよ。安物のコスメティックで化粧していたグローバル・シティの顔がボロボロ崩れて地肌がムキ出しになっちゃう。東京の先住民にとっちゃ、これほどうれしいことはないぜ。だって、もともとその割れ目に住んでたんだもの。知ったこっちゃない。ザマアミロってんだ！」

もうブッ壊れた「毒蝮三太夫トリオ」みたいだった。言いたい放題である。

松波さんもたたみかける。「はいはい。その通り。崩壊も一〇年で二度目だから、各種棲み分けられてフリーターばかりの貧乏人地帯の上に、さらに貧乏人の塊が積み重なる。スゴイですよ、これはもう〜」

何がうれしいのか、三人そろって満面に笑みが溢れる。

「隅田川西岸地帯」には分裂が進行している。豊かな南と貧しい北の間に、複雑に曲がりくねった分離壁が張りめぐらされたのである。松波さんの２ＤＫは高田馬場の神田川に沿った外国語学校横のヒビが走った古いマンション。塩沢さんのワンルームは荻窪と井荻のちょうど中間、環八の排ガスでガス室みたいになった辺り。私の住み処は、新宿と四谷の境目で死んだ親たちが遺してくれた歴史的に怪し気な一角。「隅田川西岸」の壁の中だ。すると東京の「ガザ廻廊」は、北、足立、葛飾、江戸川あたりを結ぶ外環ってわけか。どっちにしてもオレたちは、親が遺してくれた財産を喰いつぶした「穀つぶし」には違いない。

隅田川沿いのビル八階、仕事場に帰ってトイレに行くと、後から塩沢さんが入ってくる。ジーンズのジッパーを開いて、北側を向いた窓を見ながら並んだ彼が低く呟く。

「やっぱりさ、どうにかして1DBには行きたくないね」

「なにそれ?」

「段ボール一部屋ってことさ」

その口調はけっこうリアルだった。眼を上げて、その先の川沿いにある公園の中に記念塔みたいな建物が見える。後で地図を見ると、関東大震災で死んだ辺りの人たち五万五千柱を弔った慰霊堂だという。バブルより巨大な歴史の地割れの、その傷痕が1DBの群れに重なっている。

20 鳥居坂から麻布十番へ

土曜日の午後三時である。

さあこれからゴールデン・ウイークという初っぱなの土曜に、港区麻布十番の商店街を歩いていた。開いている店はほとんどない。人のいない都心はいいもんだ。

小学生の頃、夏休みの日曜日に神宮外苑のプールから歩いて帰る外苑西通りの夕方が好きだった。あの頃から、人見知りなのに妙に人間好きという、変な性格は隠しようもなかったが、この場所は一人ぼっちがよかったのである。神宮プールからガードを越えて千駄ヶ谷駅前を右へ折れると、新宿御苑に沿って道に被さるように生い茂る木々の下を行く道がある。小学生の汗が滴るランニングシャツ、その薄い綿の生地をゆっくりと沈む西日が乾かしていく。坂道は森沿いに左へ彎曲（わんきょく）する。洞窟のように静かだ。油ゼミの鳴く声が脳幹に染みた。二時間泳いでグッタリと疲れ、半ば眠りながらトボトボと歩く外苑西通り。四谷に向かって左側に内藤町、右側に野口英世記念館のある大京町の間、長い上り坂を落日を受けながら帰っていく。タクシーがたまに通った。

素気ない休日の都心がいいのである。オリンピックが近づく一九六〇年代の初めのことだった。

今日はそんな気分である。麻布十番は千駄ヶ谷とは違う商店街だ。横浜の中華街に行くとたまに寄る元町に似ている。モダンで、「昭和」というより「バタ臭い」という古風な言い方が似合う小ぎれいな煉瓦通り。その道筋に面したマンションのたしか三階だと思う。ファックスされた依頼状には「編集スタジオ」とある。

ちょっと用があって六本木方向から鳥居坂を降りてくると、広い通りを渡り、十番の温泉を左へ折れた。「一の橋」の方へ少し下ると、右側にそのマンションがあった。背後の麻布山の斜面に沿って建てられた白いタイルのルーフ・バルコニーを、ツツジやシャクナゲの鮮やかな花が覆っている。あまり小ぎれいとはいえない出張校正マンが出向く先にしては珍しく華やかな一角である。

「はっぴいえんど」の街で

三時三分前にエントランス・ホールから三〇七号室のインターフォンを押しても、応えが返ってこない。それから八分ほどの間に何度呼んでも同じだった。電話しても誰も出ない。

さて困った。依頼状には携帯の番号が書いてない。土曜だから派遣事務所にも人がいないのである。長い連休初日の午後に高級マンションのエントランスで、この場所に縁のなさそうな中年男がうろついていれば通報される。管理人の姿は見えないが、ホールはもちろん通りにも監視カメラが何台もあるだろう。

この辺りには大使館が多いんだな。外国人専用マンションが目につく街である。年度が変わって道に工事関係者の姿も見えないし、だから目立つ。誰かが電話して「一の橋」の入口にある交番から紺色の制服が飛んでくるのに、たぶん三分ほど。警備会社は一五分で着くのが契約だ。もう三時七分。面倒なことを避けるにはあと数分しかないだろう。前にもこんなことがあった。フリーターは職務質問されても身分証明書がない。

大理石のロビーは静まりかえっていた。しょうがない。本でも読んで一〇分だけ待とう。でもウロウロするな。間違っても天井に三台あるカメラのレンズだけは見つめるな。普通なら管理室でモニターを見ている人間なんかいないが、この手の高級マンションはどこに繋がっているんだか分からないぜ。

なんだか可笑しくなった。自分もたぶん「市民」だろうに、何をガタガタしてるんだよ。おっと笑っちゃいけない。カメラに怪しまれる。それじゃあ「市民」と「不審者」の境は一体どこにあるんだ。「ハイル・ヒトラー!」でもやって見せようか。

強化ガラス製ドアの向こうに見える時計が、そろそろ三時二〇分を指そうとしている。当日のドタキャンは昔なら当然一日分ギャラが出た。今じゃ一銭も出さないクライアントさえあるんだよ。潮時だ。ザックを肩に掛けて振り向くと、細身の女性が一人息せき切って階段を上がってきた。左右に咲き誇るツツジの間、重いバッグを抱えた若草色のワンピースにポニーテールの髪が揺れる。一見して三〇代後半だろうか。

「あら、もしかして校正の方かしら?」

編集スタジオの社長さんだった。毛ほども怪しむ気配がない。そうか、一目で分かるほど校正マン特有のくすんだ色が身にこびりついてしまったのか。

「そうなの、ゴメンなさい。打ち合わせが長引いてしまって。そこの店にいたんだけど」

悪びれた様子はまったくない。偉そうでもないからギャラのために許そう。それにしてもかなりアバウト。出版界にはまだこういう人がいるんだな。

ともかく、ということでエレベーターで三階に。ダークブラウンで統一されたマンションの中廊下がひっそりしていた。横顔は六〇年代中頃の村松英子と言ったら、ほめ過ぎか。気丈さと神経質が物腰に出ている。どこか銀座辺りのゴージャスな出版社にでもいて、独立して間もないというところだろう。たいして当てにならない推測ですが。

吹き抜けのパティオをぐるりと巡る廊下を歩いていくと、門扉のついた三〇七号室の玄関があった。最近流行りの「邸宅仕様」という感じ。開けると中は暗かった。トップライトを点け、ヒールの高いパンプスを脱いで上がるクライアントさんは「遠慮なくスリッパでどうぞ」と言う。オフィスというより「個人宅」だった。

白い踝(くるぶし)に一瞬とまどって、いやそれじゃかえって変だと思い直し、「失礼します」と部屋に上がる。室内は小ざっぱりとしたオフィスだった。でも格段に調度がいい。年に一回くらいはこういうところがいいなあ。物珍しさを出さないようにそっと眺めると、奥のテーブルに通された。シクラメンの鉢が置かれたベランダから裏の通りが目に入る。そうかこの先は暗闇坂。ここは「はっぴいえんど」の街じゃないか――。

逆流する古川

名前を聞かれて、出されたカモミール・ティーに口をつけながら打ち合わせる。

日頃イヌのように扱われているから、こういうのはかえって落ちつかない。

内容はありがちな自己実現本だった。荒れた父親のDVの下で育った少年が不登校になり、コミックそのまま暴走族に飛び込む。あげく覚醒剤の海に溺れる寸前に出くわした空手師範の一言が、ソリの入った頭蓋骨の中身を抉る。のたうち回った末に人生は一転、奨学金で有名大学法学部に進んだという。今は、教育問題に取り組む新進弁護士さんらしい。

一ミクロンの真実はあるだろうね。でも五分眺めただけで、こんな文科省推薦・TV局垂涎のストーリーに要約できるのが悲しいよ。麻薬地獄からの脱出行なら、音より面白いマイルス・デイヴィスの自伝でも読んでみろよ、一キロはブッ飛ぶぜ。と内心の声が聞こえる。

「本の内容にも意見を言ってほしいんです」と、密やかな部屋でローテーブルを前に足を組んだ社長さんの御用命である。心の中の呟きなどオクビにも出さず「分かりました。ちょっと時間がかかりますが」と答える。すると、ドアノブの音がして、四〇代の女性が「おつかれさま」と入ってくる。ほっとして少しガッカリした。

一九七〇年の夏に「はっぴいえんど」というロックバンドがデビューする。その二枚目のLPに、この麻布十番暗闇坂を歌った曲があった。ですます調の歌詞に鼻にかかった声。まったりしたリズムに乗った、叫びでも囁きでもない都会の醒めた日常を歌うフォーク・ロックである。ジャケットに付けられた帯に「初めて生まれた日本語のロック」とコピーが踊っていたっけな——。

実は、これが全然ピンとこなかった。高校生の脳みそに「旦那芸」という言葉が浮かんだ。説教臭く湿っぽいフォークは願い下げだが、この「都会」は俺たちのとはどうも違うぜ。なんだかリッチでレイジーなこの空気感。麻布十番っていったいどこなんだ?

瀟洒な街にほど近い三田の慶應生だったドラマー松本隆が書いた詞は、野蛮なジャズの街に育った身にはぬるくて死にそうだったのである。ロックも若く、こちらもビンビンと熱く青臭い人生の夏の日。ベランダから見えるのが、あの街の四〇年後の姿なのか。

「一之橋まで行くと、川水は蒼みがかっていた。少年時代の遠い記憶をたぐると、古川には赤羽橋あたりまでかなり大きな達磨船が遡航して来ていたように思うのだが、それにはある程度の水量が必要だったはずで、汐入の川だったせいもあるかもしれない。一之橋に着いたのは夕刻の五時半であったが、水は明らかに下流から上流へゆっくり動いていた」

麻布十番の入口にある一の橋まで来て、こう書いているのは野口冨士男である。明治の終わりに飯田橋で生まれた彼は、大正時代に市電で三田の慶應幼稚舎に通う。その幼い日々を思い出しながら歩いて綴られた一九七八年の本である(『私のなかの東京』)。

「はっぴいえんど」がこの街を歌った頃には、浜松町の南に注ぐ古川の河口から逆流する東京湾の潮目がまだすぐ傍まで来ていたらしい。都心に蒼黒い江戸の海流が喰いこんでいく。達磨船は人や貨物を運ぶ艀(はしけ)だから、戦後も機械製作や染色作業の工場が並んでいたという。今でもかすかに残る高速下の川沿いを二の橋の方へ歩いていくと、古びたモルタルの壁が続く部品問屋の店舗や、在日韓国人たちの商工会館に出くわすのである。

昼を過ぎた遅出の気楽さから、朝は久しぶりに六本木をのんびり抜けて、誰もいない鳥居坂の一本道を下ってきた。丘の頂には左に東洋英和女学院、右に国際文化会館。江戸の大名屋敷そのままの広大な敷地に豪壮な石垣が続いて、急坂を落ちていくと向かいが麻布十番である。

月並みで眠りそうなサクセス話に手を入れながら、六本木ヒルズ、東京ミッドタウンの次はこの丘の上が狙われているという話を思い出した。

鳥居坂とヒルズの間に紅い夕陽が沈む頃、村松英子似社長のお母さんらしき年配の女性がやって来る。いかにも手慣れた風に部屋の片づけを始めた。

麻布一帯の土地は、渋谷から芝浦に流れる川に取り巻かれた丘の連なりだったらしい。今この街の裏で動いているゲンナマの桁はとんでもないゼロの数なんだろう。二六七ページ目のゲラから眼を上げると、眼精疲労の網膜に浮かんだのは逆流する古川の中洲に築かれた西洋風の街並み。その周りには「はっぴいえんど」が歌わなかった、くたびれた工場街がおぼろに映り込む。監視カメラに映された「不審者」には、そんな光景が見えるのである。

21 新大塚——太陽が殴りつける八月

太陽がいきなりオレの後頭部を殴りつけた。

やめてくれ、何するんだ。オレが何したっていうんだ。

オマエはまだ先月の五万円を振り込んでいないだろう。今日は何日だと思ってるんだ。八月も三日だぞ。お天道さまはお見通しだってことを忘れるな！

待ってくれ。分かったよ。ないんだよ金が。今日は日曜だし頼むからもう少し待ってくれ。だけどなんだって、あったかいお天道さまがそんなマチ金の舎弟みたいなこと言うんだよ。「北風と太陽」の話を忘れたのかよ。

そんなヌル～イ話は二〇世紀の昔にとっくに終わってるぞ。オマエはまだ気がつかないのか。二一世紀は、レーザーが地の涯(はて)まで照らし出し、オマエのようなダメ人間を焼きつくす「ネオ太陽イズム」の時代なのだ。外套を脱がせたければ人間ごと燃やせばいい。あの北風じいさんが失業してフリーターになったのは五年前だ。アポロンの陽光から逃れられる場所など地球上にはどこにもないのだ。

そんなこと言われたって……。ネオリベ太陽族め、チクショー。

（後ろでサン・ラ・アーケストラ〔太陽神崇拝を掲げた黒人フリージャズ・オーケストラ〕の騒々しい音が鳴り響いている）

太陽の男

「何してるんだよ、仲田さん！」

彼の前髪の先二〇センチを、ランドクルーザーがいきなり走り抜けた。その風に煽られた仲田さんは横断歩道でなんだか呟いてる。

「もう一台来るよ！　しっかりして」

木の間から振り返って岩淵さんの声がまた飛んだ。大塚公園の入口である。谷へ落ちるような公園の崖っ縁。高い木立ちが道路の並木に連なっている場所だった。

「太陽が殴るんだ。金払えって！」

三分で二の腕が炎症を起こしそうな八月三日の一三時一一分。文京区大塚四丁目四九の先で、たしかにそんな声が聞こえた。右手にコーヒーのテイクアウト袋、左手にコンビニ弁当のビニール袋を握りしめて、私はまだ向かいの大塚病院の歩道にいる。

あわてて車道の真ん中まで走った。仲田さんの腕を取って歩道に上げる。袋をワシづかみにしてアイス・モカがこぼれたが、碾（ひ）かれたコーヒーの数滴より轢（ひ）かれる人間の命の方がやっぱり大事だろう。力の抜けた一八〇センチの彼は血の詰まったズダ袋そのものだった。

「どうしたの、いったい？」

岩淵さんがキノコ弁当を手にして訊いた。

階段を下りて公園の広場まで行くと、古代ローマの遺跡みたいな石組みのテラスが見える。「露壇」とかいうらしい。奥には小さな図書館がある。昭和初年に造られた地中海遺跡風の公園という。八〇年を超えた木々は大きく育ち、散らばる木製のベンチも適当にくたびれて、いい雰囲気の古代緑陰公園になっている。私もキノコ弁当である。さっきの一件で中身が片側に寄ってしまった。なんか損した感じがするんだな、これが。

「いや借金がありまして、ちょっと」

唇を歪めてやっと笑ったが、仲田さんの目元に笑みはない。三〇代前半だろう。ガタイはあるが顔面も二の腕も真っ白い。借金があるのにエビ天弁当である。

この事務所に登録して一カ月少し、借金は前にいた派遣会社の話らしい。およそ不器用な女性が先に一人で入っていた現場に急遽増員された日のこと。朝たった五分の説明で去った担当者が一日中いない。外に出払っていた。結果として何を見たらいいか分からないまま終わった仕事だった。ところが二カ月後に大量の間違いが発見される。不動産資格本一冊丸ごと刷り直し。それで解決金三〇〇万円を払った派遣会社が、「自己責任」だから一人一〇〇万ずつ負担しろということになった——。木洩れ日に照らされて眼尻が揺れる。

岩淵さんも私もピンときた。

「それってひどい話じゃないの。偽装請負の逆でしょ」と、岩淵さんがマイタケを口からはみ出させて泡を飛ばす。「そうだよな。請負はこっちの指示だけど、オレたちは派遣だからあっちの指導で動くしかない。なのに指示がいいカゲン、というよりないに等しい。それで自己責任はないよな」と、私もシメジを地面に落としてしまった。

「たまんねぇよなー」。すり鉢の底に汚いコーラスが響いた。みんな痛い目に遇ってきたからだ。五万ずつ二〇回の月払いという。石油が上がり始めてエビがどんどん小さくなる。その尾っぽをつまんで「もう払えませんよ」と仲田さんは吐き出した。一〇日ぶりの出張校正らしい。岩淵さんも先月は一〇日だけ。私もこのところ週休三日や四日だ。仕事仲間で外食する人が減った。中身は水道水のペットボトルを持ってくる人が何人もいる。お茶のボトルじゃバレるからボルヴィックが多いらしい。

それでも今日は「大盤振る舞い」だ。コンビニ弁当にテイクアウトのコーヒーがご馳走かよ、オレたちには。土・日と二日続きの終電ギリギリまで、ルーペでも見えない携帯電話機の約款を一二時間もチェックし続ける仕事だ。休日手当なんて言葉はもう憶えていない。前なら断ったが、もうそんな勇気は誰にもない。多少の身入りにはなるからな。というわけで、暑くてもせめて公園の木の下で食べたい。あの工場の息がつまる五角形の狭い監視部屋を一時間でも出たい、と六人みんなが考えたのである。

「太陽が……」と、隣で仲田さんの声がまたする。

派遣の男

「四階のスポット派遣、何人か回せないの。もう山になってるよ、こっちの仕事」

「派遣だよ派遣。六時どころか、一二時でも終わんないよ、絶対さ」

ブースの壁を突き抜けて社員の怒声が聞こえる。他の部署に電話してるらしい。さっきから「派遣、派遣」と四回連続の連呼である。青い制服を着た口ヒゲ男が濃い茶髪で四〇前半ってとこだが、粗い砂粒を擦るような声が鼓膜を逆立てる。

「オレたちに聞かせたいんですかね」

責了紙にプリントアウトを重ねて、小学生がノートの隅に描いてパラパラさせた漫画みたいに上下させながら、岩淵さんが低く呻く。イライラが声音に詰まってるね。

「まぁ流そうぜ。この時節だからな」と、私もスナップをきかせて紙を動かし、文字のブロックを図柄のように目で追いながら呟く。漫画じゃないから写真も文字も動いちゃ困る。動けばそこが異常箇所だ。意味なんか関係ない。秋葉原の暴発男がロボット化された自動車工場でやってた、あの「目視検品」の作業に近いだろう。

ブースから聞こえる声は山形か福島のイントネーションに近い。それが棘をいくぶん軟らかくしている。前にいるのが若い女性社員ってこともあるんだろう。

岩淵さんとは、このところよく会う。といっても仕事が少ないから月二、三回だが。東広島出身で三五歳と自己紹介した。仲田さんと反対に色が黒くて短軀だが筋肉質。広島産でもお好み焼きが嫌いで、もんじゃが好きとか。あちこちの職場の辛く悔しい話をすると、目の端がギラッと光るのを何度か見ている。

その岩淵さんに今日初めて会った仲田さんは、久しぶりにありついた仕事に励んでいる。彼は語調からすると青森かな。デスク上空二〇センチで手と目と頭だけが激しく動く。ラーメン屋のテーブル拭きみたいに濁った色のTシャツが大きな体に物悲しいんだな。

最近の印刷会社は外からはそれらしく見えない。失敗したポストモダンなのか、設計ミスのシワよせなのか、九階にある西日の当たる五角形の角部屋で、ひたすら紙が擦れる音だけが響き続けた。コート紙は化学塗料を塗った紙である。合成樹脂の薄い板をパキパキ折りまくっているようなものだ。そんなカン高い音がブラインドを下ろした部屋に反響して、いつしか日曜日の夜も更ける。

逃げる男

「逃げたいんですよ」

大塚駅の方に少し歩いて夜の喰い物屋を探しながら、追いついてきた仲田さんが言う。太陽が駅の向こう側に行ってしまったせいか心もち声に芯ができた。か細い芯だけどね。

「借金一〇〇万から?」と応じたのは岩淵さん。

そりゃそうだろう。年金があった母親も去年死んで一人になった。もうサラ金に行くしかない。でもフリーターがサラ金のカードを握らされる怖さは、どこかに消えた知り合いから突然来るメールが教えてくれる。「いくらでもいいから都合してくれないか?」「死ぬしかない」。すぐ隣に見えない地獄がある。「逃げたい」。この言い方に心優しい大男の心根が伝わって、底の知れない寂しさを感じさせるのである。

「それでもさ、一〇〇万で人生捨てるなよ。餃子でも食おうよ」。天井から床まで脂ぎった中華屋に入って岩淵さんが言う。二食コンビニ弁当じゃ悲しいもんね、と顔を合わせて苦笑い。三人で二人前の餃子定食大盛りである。

派手なビルの少ない大塚駅の上の空が深い藍色に染まっている。

餃子定食を待つ間に憶い出す。イスラエルに閉じ込められたパレスチナ人の青年がヨルダンで働くために、空のガソリンタンク車に潜んで国境を越えようとする。ところがイスラエル軍の検問でいつまでも停められ、砂漠の太陽の下でついに灼熱死してしまう。そんな小説を若い頃読んだことがある。ガッサン・カナファーニって人の『太陽の男たち』だったか。青年がタンクを内側から叩く音は外に伝わらなかったという悲しい落ちである。

最近「逃げてくる」人たちが多い。会社の人生から、借金漬けの毎日から、なんでも「自己責任」の見えない檻から。事務所のメンバーはどんどん増えている。でも「どこ行くったって、どこ行きゃいいんだ」と植木等も歌ってたよな。

太陽が殴る、と仲田さんがまた言う。タンクを叩く音だ。巨大なガソリンタンクの中で足掻いているだけなのか、結局オレたちは。餃子定食が来た。

22 北青山の「第二の世界」

新宿三丁目でつい副都心線に乗ったのが悪かった。明治神宮前駅から坂道の参道を二〇分もかかった。北青山の交差点は遠い、遠い。

当り前だろうって？　千代田線の表参道駅と地下で繋がってると思ったんだよ、てっきり。それがあのブランド店だらけの並木道を延々と、この真夏にけっこうな上り坂を走りに走ったよ。それでも一五分も遅れちゃった。

白いデスクに湧き出る汗が落ちる寸前、病院の薬屋でもらったブルーのハンカチで受け止める。

「それって、東京モンの東京知らずってやつですよ」と相沢さんが言う。先に着いていたから、スーパーでもらったビニール製ウチワ片手に涼しい顔である。ウルトラマンに出てたガマ口の怪獣みたいな顔して、前の日には一円にもならねぇとばかりに八時間口も開けなかった男が、今日はよく喋ること。

ああ、東京田舎者

「そんな言い方あった？」。そう言われればその通りだが。

「だって木場生まれの私がそうだから」。相沢さんは妙にいばって言い切った。大江戸線が通って、隅田川の向こうの木場あたりから表参道まで三〇分とかからないのに、この青山の街がどうにも落ち着かないらしいのである。

「伊勢丹の地下で乗り換えたかったんだよ」と私も食い下がる。

「丸ノ内線で来てサッと階段降りるとすぐ副都心線のホームっていう、あのショートカット感覚がなんか気持ちいいでしょ」

こんなこと言っちゃう自分は東京メトロの回し者なのか？　新宿線と地中で一一センチしか間がないから、震度七級一発で伊勢丹前の交差点は火星みたいな大クレーターになるだろう。新宿三丁目に生まれた巨大フライパンが連鎖爆発する車でテンコ盛りになるかもしれない。テカテカになっていく街が嫌いなんだから、後は野となれ山となれだ。朝からバカ話になった。

「東京っ子が田舎者をバカにする、なんて大昔のこと。今じゃ逆だよな」。山形や愛媛出身のエリート企業マンの方がこの街にやたらと詳しい。ソフトモヒカンに細身のスーツで決めた彼らは、路地裏のアンティック時計屋の品揃えまで知り抜いている。

「オレたちは二一世紀の青山のことなんかなんにも知らないぜ」

先週行った現場では、神楽坂の超高層マンションに越してきた一部上場企業の管理職オジさんが、この坂の町に漂う大人びた「和の情緒」とやらについて名古屋弁でまくし立てるのを聞いて、「詳しいですねー、さすが江戸っ子！」などと口走った。そんな話になる。

その編集局長が部屋から出ていった後で、「江戸が落ち着いた二五〇年前から四谷や神楽坂の裏店には明楽とか清楽とかいう渡来音楽の師匠たちがたくさん住んでいたのさ」なんて話を二人小声でする。「そういうシノワズリー（支那趣味）がたっぷり流れ込んでいたんだよ、八百八町の町奴たちにはさ。文化なんて、もともと毒入り餃子みたいなもんだろ。それを承知でワビ、サビなんてテイストをでっち上げた江戸人のインチキさ加減が面白いんだよ」。

まあ、てなことを市ヶ谷の堀端で話してから、この木場のオヤジとは急に仲良くなった。

「いいじゃないの。どうせオレたちは東京田舎者なんだから」

北青山のセカンド・ライフ

「遅れる時は必ず連絡してくださいね、必ず」

黒いパンツスーツに青のストライプシャツ姿の女性は、にこやかに、しかし決然と宣告した。

ハハーッと百姓たちは土下座したのである——なんてことはもちろんありえない。

「いやその～、副都心線に初めて乗りまして……」、小学生みたいな言い訳が口を突く。「東京ぼん太じゃあるまいしな」と昼休みに南青山坂下の中華屋で言ったら、五目焼ソバを頬ばる相沢さんは大笑いした。

広告世界社のオフィスは、青山通りに面した総ガラス張りのビルだった。高級セレクトショップが一階にある。埃まみれのスニーカーに綿パン、色褪せたポロシャツの肩にザックを引っかけたオジさんたちの目には、これが眩しくて恥ずかしくてたまらない。足下までガラス張りの八階から八車線の向こうにスーパー紀ノ国屋が見えた。「同潤会アパートをぶち壊して建てた安藤忠雄東大教授の作品から出てきたビジネス・パースンたちには、つまりこんなところで働くのがプライドなんじゃないの」、とゲラに首を突っ込んで相沢さんも囁く。

老舗の業界誌『月刊 広告世界』の仕事はちょっと面白いけど、心臓にはよくない。「広告」という嘘を承知の世界で、誌面に踊る欧米最新ビジネスモデルのきらびやかな嘘のつき方に酔いつつ、そのすぐ先に見える荒涼たる実態世界の毒が体に回って気分が悪くなるのである。

「サブプライム・ローンはそうやって売ったんだろ」。テレビは見ない、新聞はとらない、雑誌も買わない。物は買わないし旅行にも行かない。そんな人間が日一日と増えていくのに、そこをどうにかして物を売りつけようと血道を上げる人たちがまだいるのである。

「いやはやご苦労さんだな」。積まれたゲラの山がカルト教団の布教雑誌に見えてきた。

「ネットにも携帯にもとっくに飽きてんだよ」と相沢さんがゲラに向かって呟いている。「モバイルへ！ モバイルへ！」と煽るアメリカ広告業界の連載記事がそこにあった。木場から来たガマ口怪獣の眼が鈍く光る。

こんどやる新作のウルトラマン映画は五〇～六〇代になったウルトラセブンが主人公らしい。横浜の町場で営む自転車屋にレストラン、パン屋に整備工場、ヒーローたちはみんな自営業の親父に身をやつしている。いっそオレたちみたいなフリーターや寿町のホームレスおじさんなら、もっとリアルだろうにと思う。

「広告」は終わっている。それを知っているのに知らないフリをして最先端と言い続ける、この辛さ、やるせなさ。「もういいんだよ」と言ってやりたい。でもお金をいただいているから言えないこっちの物悲しさ。街全体が広告看板になった目の前の青山、原宿、渋谷一帯が安物スペクタクル映画のCGに見えちゃうよ。

「だから『セカンド・ライフ』なんてものが現れたんだろうね」。ネット上の仮想世界に暮らすゲームのことだ。嘘の極致。究極のデッチ上げである。

「いいよなー、ここに行けば働かなくてもすむんだ」

ガマ口親父が情けない声を上げる。世界中の企業が出店しているらしい。何でも売ってる。架空の通貨も流通している。人が暮らしていくのに必要なすべての欲求が満たされる、と記事にあるんだ。そういえばバカ田大学（死んだ赤塚不二夫の言葉だよ）もここにキャンパスを開いたと新聞に出てたっけ。よほど不動産が好きなんだな、あの大学は。仕事から帰るとここで「第二の人生」を過ごす人が、地球上にもう何千万人もいるって⁉

彼もこちらも、そのバカ田大学の中退なんである。

「でも、ちゃちなCGだよな。あれなら、自分で街が造れるシミュレーション・ゲームの方がよほどシャレてるよ」

素晴らしき広告世界

相沢さんは元は建築雑誌の編集者だったらしい。そこから流れ流れてきた来歴は与太話でも言いたがらない。昼メシ時にそんな話をしたところは、青山通りの歩道橋を渡ってやっと見つけた安い店、坂を下ったラーメン屋の奥である。

「あのセカンド世界じゃさー、結婚はできるのかな?」

「オレはバツ2・5くらいだよ」と、そこだけは言いたがるオヤジが狭いテーブルに身を乗り出すと、やたら生々しくて困るんだな。

「知るかよ、そんなこと」。どうも彼は、アジアから来た女の子たちがいるパブ・レストランにご執心って噂だった。

「相沢さんの大好きな店があるかもね。なんたって〝欲求〟が満たされるらしいから」。自分で答えて苦笑してしまう。

「するってぇと、そこにはやっぱり貧乏人と金持ちがいるわけ？」

亜熱帯から来た娘たちに貢いでるのは本当だった。「優しいんだよ、あの娘たちは」としみじみ語り出した。苦労した身の上を散々聞かされて、ミンダナオの実家まで飛行機に乗って何度も行ったという。脱構築の建築家ダニエル・リベスキンドを江戸弁で語る木場のガマ口オヤジは、なかなかに味わい深い壊れ方をしていたのである。

「そりゃそうでしょ。そうじゃなきゃ誰もやらないでしょ」

音楽産業本社の高いビル一階にあるコーヒー屋に移ると、オヤジたちの話はますます四方八方に暴走しはじめた。

「つまりさ、人生リセット願望というか、歴史はどうにでも解釈できる『極限の修正主義』というか、そういう欲望があんな仮想世界を生んだんでしょ。アラジンの魔法のランプだよ。それでも人生ゲームだってムリヤリ勝ち負けを作るんだから」

「きっとそこでも妬みや恨みが生まれて、サギや泥棒、強盗や殺人が始まり、そのうち戦争とかになっちゃうんだよ」

「するとさ、オレたちみたいなヤツがどんどん仮想スラムに吹き寄せられて、みんな失業して、飢え死にには出るわ、デモとかストとか、大騒ぎってわけか。しまいに警察や軍隊が出てきて、共謀罪や騒乱罪で全員逮捕、戒厳令で街は戦車で埋まっちゃう。それでも仮想だからどうでもいい。戦争で儲けるだけ儲ける。こっちの方がよっぽど怖いわ」

突如として、五〇階ほども身の丈のある巨大なガマ口怪獣が、渋谷の方の青空からビルをなぎ倒して現れる。それを食い止めようと、外苑方向から進んできた自衛隊のPAC3ミサイルが次々と発射された——というのは、もちろん貧乏オヤジたちの頭で炸裂した誇大妄想である。

帰り際、通りかかったビルの前で、英会話スクールの外国人女性講師たち三人が「一五年間ベースアップゼロ、スト決行中！」と書いた横断幕を掲げていた。

これはネットの魔法じゃないんだよ。オレたちは「ウルトラマン・フリーター」になりたい。

23　大森西・運河の畔で

ゴミの浮いた運河が目に映る。

埃で汚れたガラス窓の向こう。

でっかい排水溝にしか見えない塗り固められた垂直の河岸、その上を覆う錆びた金網。一一月のうすら寒い曇り空が町並み全体に蓋をしている。その下を運河は横にうっすらと流れている。いや、流れているのかどうか、道路を挟んだこの工場の一階じゃ見えないんだな。窓際に立っても覗いても、四時なのにもう薄暗い靄の中で真っ黒いタールじみた淀みが窺えるだけだ。この辺りは古い工場しかない。その廃水なのか。

オレはあのドブ川に呑み込まれたくない。窓から覗いた瞬間そんな気がした。それでも運河に目が行くのである。

工場と病院

病院みたいな工場である。

白いタイルの壁が続く。横幅のあるまっすぐに伸びた白ペンキの廊下。その左右に並ぶ無表情な部屋。それになぜか、その隅にはホウロウ製の流しまで付いている。

この寒い部屋でオレたちは、もう五時間も仕分けばかりやらされていた。ふだん何に使われているのか。四角い部屋の真ん中に横長の会議用テーブルが三つ無造作に置かれ、その周りにガタのきた折りたたみイスがこれも三つ転がっている。この奇数と奇数が目を不安にする。デスクもなきゃ、電話もパソコンも、書類ケースも何もない。人の気配がまったくない。

病室に見えたのは、錆びた鉄のサッシの窓にブラインドがなかったせいもあるだろう。四十過ぎてから何度か病院のお世話になったが、天気のいい日にはいつでもブラインドを上げて、ベッドから青い空ばかり眺めていたっけ。

朝一〇時に三人集まると、すぐに通されたこの部屋には、床に段ボール箱が七つ放り込まれていた。その傍らに固太りの体を灰色の制服に押し込んだ五〇代の男が立つ。

挨拶は「どうも」だけ。名乗らず、こちらの名前も聞かない。「それじゃ、このマニュアル通りここにある書類を仕分けしてください」と早口で告げた。「そこに書いてあるんで、六時にはまた来ます」と言い残したきり、廊下の角を曲がって足早に工場のどこかに消えてしまった。担当の部署も連絡先も、仕事の品名も、分量さえ紙には書いてない。記号と数字による仕分け方だけだった。目に残るのは後ろ姿だけ、顔の雰囲気さえ覚えていない。

株主総会の収支報告書や大学入試問題を扱う仕事では、入口の門と各棟ドア前でフルネームや所属派遣会社名をいちいち記帳して、バッグも携帯もロッカーに回収、ＩＤカードで全室入室管理なんていう工場が増えた。「機密扱い」で人間扱いされないってわけか。

ここはまったく逆。守衛さんもいるようないないようなノー・チェックなら、部屋のドアもみんな開けっ放し。入館証を首から下げる人も見あたらなかった。だいたい人がいないのである。

あまりの大ざっぱにかえって面喰らった。気楽でいいはずなのに管理に慣れちまったこっちの体がなんだか落ち着かない、という「飼い犬」状態なのである。

「どうも変だ。なんか引っかかるなー」。「だけど『どっきりカメラ』じゃあるまいし、どこかで監視してるわけないでしょ」

「じゃなくて、校正屋なんて出版廃棄物処理の清掃業だから、どこの馬の骨がクライアントなのか分かったもんじゃない。ヤバイ仕事かも」。「この乱数表みたいな数字はなんだろう」。「でも、それなら鍵するでしょ、部屋に」。「たしかに……」

二人のオヤジたちがゴソゴソ低い声で話すのを、背が高くて髪の長い若いのが聞いている。「そうなんですか」と、壁の白いタイルにこびり付いた黒いカビを見ながら、意味不明に呟いた。

若い頃見たジャック・ニコルソンの『カッコーの巣の上で』を思い出す。

じゃあなに、ここが精神科の開放病棟だって？　朝っぱらからオレはどうもオカしい。三棟つながった印刷工場なのに、輪転機の回る音も、オペレーターの打つキーボードのカシャカシャ音も聞こえてこない。妙に静かなんだな。オレたちが「精神病者」なのか。

無愛想な部屋で、三人の男たちはしばらく立ち尽くしていたのである。

コマネズミの部屋

「ぼくらの仕事は字を見る校正なんでしょ?」と顔を上げて中野くんが訊く。一八〇センチを超える青年は大学新卒のまだ二二歳だった。ここ数年、新卒者が何人も登録するようになった。自分でそう名乗る人も珍しいんだが。

頰髭の重村さんが「もうなんでもありだよ」と応じた。「リライトにデータ入力から、ひたすら一日データチェックの読み合わせ。しまいにゃ印刷所との調整やバイク便の手配まで、雑務全般のアウトソーシングだと思ってよ。現場に行ったらなに言われても断れないからね」。床に落とした眼と手を止めずたんたんと話す。二六で結婚して一五年、つまり四一歳か。それ以来、隣の大森北に住んでいる。近いからここに呼ばれたらしい。

三人とも初対面である。

作業はとんでもなく煩雑だった。段ボール七箱分のA4書類を一枚ずつ記号と数字にしたがって分類していくだけだが、これが二〇以上のカテゴリーに分かれて、さらにその中が何系統にも枝分かれしていく。ざっと数えても数千枚はあるだろう。この量をこれだけ複雑なルートに沿って間違えずに仕分けしていくのは、たいへんな眼と手と腰の重労働だった。

細長い卓が三つではスペースが足らない。書類の包装紙を床に大きく拡げて、どうにか置く場所を工夫した。そこに項目と系統名を書いた付箋を立てる。これが八〇にもなってしまう。この間を書類を持ってひたすら動き回る。だから机の位置と三人の動線を考えて、一番楽に回流できそうな形にレイアウトしてみた。その結果、部屋の真ん中に書類を積んだ卓を置いて、ぐるりとサーキット状にカテゴリーの森ができたのである。この準備だけで昼まで一時間半かかった。

ところが、そうは問屋が卸さない。書類の並びはまったくバラバラ。ランダムの極みである。束を抱え膝を折り一枚ずつ床に配ってたら、右に左に動き回って腰がもたない。イスに坐って、まず一定量を大カテゴリーに分類して、貯まったら中・小のカテゴリーに分けながら置くことにした。それでも三人の腕や足がぶつかる。カテゴリー分別は大混乱した。

困って分業にした。カテゴライズ専門の人と、配って歩く人。机から床への高速横歩き屈伸運動は二〇代でも辛い。交代制にする。これで一分当たり一〇枚はこなさなければ一二時でも終わらない。やっと回転しはじめた頃には、もう三人とも瞼は震え、腰はフラフラ、膝もガタガタの状態になっていたのである。

データセンサー付きコマネズミ三匹が部屋の中を走り回る。監視カメラで誰かが見ていたら、狭い透明な実験装置に入れられた三匹のマウスが、特殊なガスでも吹き込まれて狂った断末魔の乱舞と思うだろう。

運河を見つめるボードレール

中野くんは京浜東北線で南の横浜から大森へ来た。私は山手線で新宿から品川で乗り換えて北から。二人とも大森駅の東口からバスに乗って一〇分ほど、運河が見えるバス停で降りて、ひたすら川筋に沿って歩いたのである。

「これは内川といって、東京湾の平和島と昭和島の間にある勝島運河っていう水路に注ぐ川なんだよ。江戸時代に掘られた運河だから、川に見えるけど真っすぐなんだ」と、重村さんが教えてくれた。彼の家はここから自転車で五～六分という。

オレたちは何やってんだ、と思いながら止まらない、止められない「ランナーズ・ハイ」状態。眼球がさまよって泳ぐ、指が踊ってめざす場所に辿り着けない。川の南に陽が沈んで、裸電球の部屋はますます暗くなる。一時間ごとに一〇分休みをとることにした。昼も夜も、重村さんが自転車でコンビニからパンやおにぎりを買ってきて、どうにか三つの腹をごまかした。

五時前に事務の痩せた女の子が来た。出先からの電話で「残業しても今日中にお願いします」と伝言があったという。明日に回せないのか！

途方に暮れたが、とにかくここには人がいたんだな。この工場は本当に動いているのか、オレたちは幽霊に操られてるんじゃ——と思いはじめていたからだ。工場閉鎖にリストラ、自殺やリストカット続出で、薄暗い機械室の奥にゴーストがいるような。

「六時過ぎでやっと半分。これじゃ徹夜ですよ」と、中野くんは鮭、納豆、ツナと三つおにぎりを詰め込んで、息をつく。「そういや、一〇年もこの辺りの工場で働いたけど、こんな所あったかな」と、重村さんまで不気味なことを洩らす。

中野くんは大学院に行くために働いているという。父親が公金横領でクビ。両親の離婚でコースが狂ったらしい。「池袋の大学の仏文でボードレールが専門なんです」と悪びれずに話してくれた。

クリームパンを口に入れた私は言葉に詰まってしまう。「こんなことしてても院に行く学費は貯まらないよ」。院を出ても教員の当てなんかない。

「君の家庭環境は慈善病院で死んだあのジャンキー詩人の研究には打ってつけだけど。いっそコースから降りちまえよ」

「つまりさ、いっそボードレールそのものになればいい。あのロマン主義者が謳った資本主義の『悪の華』は甦ってるよ」

中野くんは黙って窓の外を見ていた。仄暗い街灯に照らされて、目の前の運河が太い闇の流れに見える。ここはとうの昔に潰れた廃工場じゃないのか。そこを怪しい幽霊会社が借りているのかも知れない。

夜に溶けた鴉（からす）がまたどこかで鳴いている。「返してくれ」なのか「帰してくれ」なのか、切り裂くような鳴き声がそう聞こえる。

24 フルコースの人——秋葉原・昭和通り口

古田さんは人生のフルコースを堪能していた。目の前でかじりついているのは「タン塩」の串だったが。

生まれ育った北海道小樽の商科大学を出て上京し、銀行に勤めたらしい。今は髪は寝グセのまま、無精ヒゲも浮いてるのに、昔は颯爽としていたらしい。広い衿に太いズボンの古い型。衿、肘、袖、膝とみごとに擦り切れている。昨日の仕事で初めて一緒になったばかりだ。

正月のまだ七日。薄緑色の分厚いアクリルガラスに被われた真新しい秋葉原駅に続く長いエスカレーターを乗り継いで、ガード下の昭和通り口に出る。信号を渡って左へ行くと、歩くほどに前と変わらない侘しい街が現れる。西側の電気問屋街と東の浅草橋に広がる雑貨問屋の群れに挟まれて、機械部品の小物卸とか印刷下請の看板がパラパラと見える古ビルばかりである。

昭和通りには誰一人見えない。大手企業の皆様は新年の挨拶回りなんだろう。昭和通りから右に折れて真っすぐ行くと、角にあったケンウッドの支社は潰れて宅配のステーションになっていた。ここは神田和泉町。その先のビル三階に初仕事の現場があった。

入社した頃はギリギリでバブル時代に引っかかっていたという。すると
まだ四二か三ってところか。

銀行員のオードブル

半分白髪で油抜きしたような古田さんの顔を見て、ウーロン茶片手の私は「マジすか?」と語尾をわざと上げてみた。若い頃は古風な美丈夫だったに違いない造作が一瞬崩れて、頬に薄く笑みが浮かんだ。「マジすか」への反応で齢が分かる。もう少しいってるのかな。昔の歌舞伎役者・一四代守田勘彌にちょい似ている。勘彌なんて渋い脇役は五〇代でも知らないだろう。初代水谷八重子の元旦那というより玉三郎の義理の親といえばいいのか。その声にシビれた女性も多かった。日比谷線の出口に近い、細長くて狭い焼き鳥屋ビルの四階。部屋の中が暖房と人いきれで蒸してくる。泡景気に浮かされて初めて都内で採用試験をした地方銀行の本店は、福島の郡山という。それで任地は栃木の大田原である。「なじめなかったなー、どっちの言葉にも。北海道だからボクは」。テレビでは、栃木出身の漫才コンビが土地の言葉をバラ撒きながら何やら盛んに演っている。それを見た古田さんは二杯目の中ジョッキを頼み、私はチヂミを確保するのに懸命だった。

昨日今日と行った現場はこの側のビルの六階、ゴミ入れの大きなポリバケツが置いてある部屋はエアコンが動かなかった。部品がなくて交換するしかないが、「一月六日ではどうにも。申し訳ないがガマンして下さい」と、このボロビルに似た顔の担当者が弁解する。「外は三度でしょ。レンタル・ストーブでも」と食い下がったが、何も答えない。二人ともコートにマフラー、ポケットに使い捨てカイロ、膝に新聞紙を巻いて、どうにかやり過ごしたのである。石油ストーブが入ったの

は今日二日目の三時過ぎだった。

「ヒデーもんだよな」。「まあ慣れてますから」と、擦り切れた二枚目は串を置くと呟く。薩摩揚げの串をつまんで私が相づちを打った時、古田さんの背中の向こう、窓際のテーブル席で一人酎ハイのグラスを傾ける男の横顔が目に入る。校正の仕事中に微妙な「誤字」に引っかかった時に似ていた。飲み客たちの浮かれ騒ぐ姿が遠のく。「どこかで?」と、この男に「ギモン」の鉛筆を入れたのである。

派遣のメインディッシュ

古田さんは人生のフルコースを堪能していた。目の前で喉に流し込んでいるのは「ウーロンハイ」だったが。

栃木弁のバイリンガルになる暇もなく、入社一年半ですぐさまバブルが爆裂する。何も分からないまま数万なんぼの退職金だけを懐に、空っ風の吹く両毛(りょうもう)の平原に放り出されてしまう。

悪く言えば「昼行灯」、良く言えば「大陸的」なのかと性格を早呑み込みしていたが、古田さんは体内アルコール濃度が上がるとともに話しはじめる。口角泡を飛ばすってやつだな。

これが「関八州派遣無宿」の始まりだったという。「初めは東北本線の通ってる矢板へ出て、東北自動車道のバイパスにあったイオンで働いたんですよ。契約だけど長期だったし。どこの駅前からも人がいなくなるほど会社は上り調子だったからね。六年以上いたかな。結婚したんですよ、ここで働いていた人と」。

バツイチだったのか。フリーターの世界を流れ歩いていると、もう「バツイチ」すら羨ましがられる。三〇代、四〇代、五〇代の男も女もみんな一人だ。夫婦に子供はできなかったらしい。

ところが「ナマラコワカった」と言う。「え？　なに？」周りがうるさくてなんだか分からない。聞き返すと、色の落ちた上着を脱いで古田さんが叫んだ。「いや小樽の言葉で〝仕事がムチャクチャきつかった〟ってこと」。

ネギマの切れ端がこっちの額に飛んだ。うつ病、出社拒否、自殺未遂、そして契約停止。あげく夫婦でニューエイジ系の宗教に走ったらしい。職場で布教して奥さんも首を切られる。古田さんが古着で昂然と歩く姿に何か世俗から遠いものを感じたのは、これだったのか。彼女も四国の香川から流れてきた人で、二人とも相談相手が一人もいなかった。

そのあげく別れた時には三〇代の半ばになっていた。小山駅で東京へ向かう彼女を見送った寒い日は、たしか神戸の地震からちょうど三年目だったという。

久しぶりに「演歌」な話だった。今日は聞き役である。病いで酒をやめてから、人が酔うほどに脳髄の芯が冷めていく。古田さんは、それから両毛線伝いに「派遣座頭市」のワラジを履いたのである。足利、桐生、伊勢崎、前橋と「不安定」の道を真っしぐら。地方都市にも小さな派遣会社ができていた。イトーヨーカ堂、マルエツ、そしてダイエー。出来ては潰れるショッピングモールの股旅物語。なぜか西へ西へと移動したという。気がつくと二一世紀になっている。

結露した窓ガラスにネオンの彩りが滲んでいる。その下で、さっきの男はまだ静かに飲んでいた。連れはいない。どうやら酒だけでもないか。「飲む」というこの「形」が好きな人間は、わざわざ喧噪が渦巻く安酒場の片隅に一人佇んでみたりする。高級ホテルのバーなんてありふれた成金趣味だ。なんでもない赤提灯で飛び交う世迷い言を肴にして酒精に身を浸し切るのである。

一〇年前まで自分自身がそうだった。青い化繊の作業服がどこか似合わないこの男もそういう酔狂なのか。それとも——。今さら公安でもないだろう。斜め後ろから窺えるあの顎の線をどこで見たのか、いっこうに思い出せないのである。

ホームレスのデザート

古田さんは人生のフルコースを堪能していた。目の前でしゃぶりついているのは「子持ちシシャモ」だったが。

最終的にダイエーが破綻する。五年前だったか。それが打ち止め。もうスーパーは嫌だった。郊外モールもシャッター街になる。それで当てもなく高崎まで行った夕方、寂れた町並みを歩いているると、ひたすら明るいコンビニの蛍光灯が目に染みたという。

「ほんとに〝染みた〟んですワ」。古田さんの話は止まらない。よほど口を利いてなかったんだろう。ここから「高崎線コンビニ無宿」が始まる。

「無宿なんていっても、次に借りるアパートの敷金礼金分だけはどうにか残してあった。勝新は大好きでも座頭市じゃないから用心棒はできないからね」

古風な風貌にしては冗談が通じる。この頃、休みの日には古い日本映画のレンタル・ビデオばかり観ていたらしい。知らない町。知らない人。知らない飲み屋。コンビニのバイト仲間なんて話すこともない。一円でもいい時給を求めて、深谷、熊谷、上尾と南下していった。その間に、たった一人の肉親だった父親が小樽港の裏町で死んだという。「母親は〜」と聞きかけるが、長くなるだろうしな。別れた女性ともここらで連絡が途絶えたようだ。

ところが、大宮で働いている時に大怪我をしてしまう。店の裏で棚卸しをしていて、倉庫から落ちてきたミネラルウォーターの大箱で右の太股を骨折した。店は労災なんかもちろん入ってない。「この時『勘弁して』と泣く店長の奥さんに涙金をつかまされて、何も言えなかったんだな」。この入院で虎の子の貯えは跡形もなく吹っとんだ。もう荒川の河川敷に行くしかなかったという。

これが去年の夏である。

なにせ「守田勘彌」だ。身ぎれいにしてパリッとした上下でも着れば、私なんかよりはるかに立派である。それなりの企業の管理職に見えるだろう。なにやら日本橋の大店（おおだな）の大番頭が酔っぱらって噺家の真似事に興じているようにも見える。秋には隅田川千住大橋の下、暮れを池袋北口の駅裏で凌いでいた時に日比谷公園の派遣村のことを知ったという。

「でもね、行ってみたら〝ホームレスになる前に〟なんてスローガンが張ってある。やっぱりオレはダメかと歩きかけたら、若い人に呼びとめられて。それで生活保護もらって池上にアパートを借りたんですよ」

もう皿には串と骨だけ。隣の鍋祭りに盛り上がる連中が賑やかすぎる。目を上げると、その湯気の先にまだあの男が一人でいた。背筋でこちらを見ている。学生の頃どこかでぶつかった連中の一人なのか。それとも――。

ふと思う。この目の前の男は本当に「古田さん」っていう名前なのか。すると「守田勘彌」の話はどこまでが――。どうやら酔いは伝染するらしい。まだ正月七草、この先の仕事は影もない。

所
中華そば

25 新宿三丁目、平日昼間の増村保造

若い漁師を演じる四〇年前の北大路欣也の顔が、油を塗ったようにテカテカと浅黒い。若尾文子は年上の東京から来たクールな女という役どころだ。二人がむつみ合う浜辺の白砂や揺れる小舟、アナログの光が弾ける海が眩しい。

山しかない甲府で生まれ育った増村保造が撮る南伊豆は、まるで地中海である。一八の時に見たミケランジェロ・アントニオーニの『砂丘』みたいだ。照れるほど古典的な「海の神話劇」。五〇を越えた観客が火照るほど若々しい。増村保造監督の『濡れた二人』は、ほとんど「伊豆半島のギリシア悲劇」だった。

真昼の映画館に集う

エレベーターを降りると、小さなホールに人だかりがしている。小振りな映画館である。明治通りを挟んで新宿三丁目の伊勢丹向かい側、ユニクロが入っているビルの五階にある「角川シネマ新宿」である。その昔にアートシアターがあった場所だ。その地下にあった「蠍座」よりは広いかな。

二月五日木曜日の午後二時。「増村保造　性と愛」特集を夫婦で見に来た。連れ合いはたまたま休みが取れ、私の方は今日もまた仕事がない。一昨日からない。明日もないだろう。一月、二月と朝仕事に出るのは週一日か二日。慌ててもしょうがない、と二人で映画館に足を運んだのである。「たぶん空いてるよね、こんな時間だから」と、エレベーターの中で彼女が言った。

ところが、そうじゃなかった。黒い大きな帽子を被ったスリムな女性がソファーで文庫本を読んでいる。壁に佇むマニアっぽい映画青年風、白髪交じりの長髪オヤジが二人もいるのが新宿だよ。エクセルシオールの紙コップを手にした二〇代のカップルも、大学院の映像研究科にいるような女性も、ジャンパー姿の水道屋みたいなおっさんもいた。スーツにコートは一人だけ。サラリーマンじゃない。小脇に抱えた本の持ち方が大学教員って感じだろうか。こっちも入れて一〇人か。

お互い目を合わせない。「昼間っからあんたたちは何やってんの」というヨソヨソしい顔。さり気なく「私はしぶ〜い増村ファンなのよ」と黒い帽子の背中が囁く。そう見えて仕方がないんだな。寒い二月の昼日中から『濡れた二人』だもんな。

この人たちは仕事してんのか。俺はしてないんだよ。どう見たってみんな働き盛りの女と男。それがこの時間から都心の真ん中でこんな映画に集まってくる。増村保造も泣いて喜ぶだろう。と心で呟いて気がつく。夫婦そろっては私たちだけじゃないか、ハハハ。

じつは私たちは先週も来ていた。浅丘ルリ子主演の『女体』である。その日は夜でも七割の入りだった。昼間の方が多いんだな。いい傾向だよ。

映画が貧乏人の娯楽に返り咲いたのか？　「映画の日」で五〇代の夫婦割、連れ合いの身障者手帳一級。とにかく割引で一〇〇〇円になった。ならいっそ三〇〇円の「失業者割引」や「非正規割引」とか、「風呂付きホームレス・フリーパス」でも始めればいい。「シングルマザー割引」「生活保護割引」「寝たきり割引」なんてのもいい。これこそ「大衆娯楽の王道」じゃないですか。

とっくにテレビに飽き、ネットにも飽き、猿でも怒る景気回復サル芝居に飽きた連中が、どんどん押し寄せるだろうね～。大作りな仕掛けしかないハリウッド物は疲れるばかり。病気と子どもの泣きと癒しはいいかげん眠い。ここは、きりっと艶っぽいモダン・クラシックな増村作品あたりで前頭葉をマッサージするなんざ、これ以上ない贅沢である。

六八年の「避暑地の出来事」

話は、一九六八年の暑い夏の日のことである。テレビ局だか広告代理店だかの、とにかく最先端企業で爆走する高学歴ダンナとの結婚生活にしびれを切らした三〇代良家出身の人妻は、休暇の取れない夫を振り切って伊豆半島の先にあるひなびた漁港にやってくる。若尾さんは子供のいない女性編集者である。

このハイブローなアンニュイが全然「フェミニズム以前」で、まるっきりカトリーヌ・ドヌーブのフランス映画だよ。偶然通りかかった浜辺で、なぜか胸板の厚い網元の息子と出遭う。エーゲ海のように蒼い海と空に抱かれて「第一次産業男」と惹かれ合い、「最先端」と「第一次」の間で揺れながら、小舟の上で結ばれるのである。ギリシャ人も驚くクラシックな神々の物語。実際には山の迫った伊豆半島南端の狭苦しい漁港だけれど、そこを突き抜ける一途な力がある。

ギュッと濃縮すればこういう甘美なストーリーが、預金通帳の目減りと木曜日の昼下がりを一瞬忘れさせてくれる。エアコンがないとはいえ若尾文子がなんだか不必要なまでに脱ぎ、ランジェリー姿でひたすら第一次産業男を待つ不思議さ。ここは深夜のピンク映画館か。水道屋のオヤジは何見てんだ？　コーヒー片手のカップルにはどう見える？　なんでこっちが恥ずかしいんだろう。

菊池寛が作った大映による文藝的サービス映像だろうけど、「日本的」と言われちゃう羞恥心を平気でぶっ飛ばしたところが、一足飛びに六八年を思い出させてくれる。だから、神の世界に出てくるはずのない学歴や産業の構造が見える。そこが同級生で同じギリシア好きでも、三島由紀夫と増村保造の天と地の違いだ。もちろん増村が「地」です。この地面がすばらしい。

そんなわけで、東京から一五〇キロの伊豆半島が地中海の両岸に重なってくる。レネやトリュフォーの南フランスに、対岸に横たわるカミュやファノンのマグレブ世界が混じり合ってくる。独立革命に沸騰するアルジェリアからフランスに飛び火する内戦。この暗く激しい夜の戦いを描いたジャン＝リュック・ゴダールの『小さな兵隊』をここにあったアートシアターで観て、なんにも分からなかったのが六八年、高校一年生のたしか秋である。分かんなくてもとにかく街へ出る。それで警官に殴られて分かる。映画が街とつながっていた熾烈で至福の時代だったなと、闇の中で一人悶えるのである。

このビルの裏、明治通りから路地を入った一帯が「要通り」と呼ばれる一角である。寄席の「末広亭」があり、うたごえ酒場の「どん底」があり、かつてはパチンコ屋や玉突き場を中心に酒場が密集して、ジャズやロックの店も多かった。六〇年代から七〇年代にかけて、映画の撮影に頻繁に使われている。若松孝二には、このすぐ裏のレンガ塀の路地が舞台になった一作がある。芝居屋が騒ぎ、映画屋が論じ、楽隊屋が吹く。駅から旧赤線に向かう裏町にはびこった飲み屋長屋が、アルコールで緩んだ眼にはアルジェの「カスバ」に見えていた。一度死んだ街が南口の再開発や副都心線の開通で息を吹き返して、オープンカフェ・スタイルの店が増えてきた今どきでも、漂うオーラがいまだに白昼夢に誘うのである。

消えた二人

都会から来た貴婦人と若くたくましい漁師の恋物語である。それを海原と青空だけが見ていた。それこそイオニアの神話時代から飽くことなく語られてきた定番である。歌舞伎でいえば「十八番」といったところ。「増村屋！」とスクリーンに向かって声のひとつもかけようか。と思ったら、それだけじゃなかった。

仰天させられたのは、若尾文子演じる女の意思の力だ。夫と網元の息子の間で漂うけれど、「自分」がなくて引きずられるというのではない。両方に惹かれる意思そのものが強すぎて決められないのである。同じ頃の海を舞台にした作品、若い世代の古典になった藤田敏八の『八月の濡れた砂』の方は、結局よく出来た「不良少年物」だったと今になって腑に落ちる。

『濡れた二人』の主人公は「女」なのだ。若尾文子の意思が小気味よいくらい物語を牽引していく。高橋悦史の頭のいいエリートも、バイクに乗った北大路欣也も実は振り回されるだけ。「会社」と「村」に埋もれる二人を前にして彼女だけが一人称として生きる。二人ともすっきり捨てて一人どこかへ去ってしまうのである。神話をブチ壊すこの結末に「ひえ〜」とため息が漏れた。同じ「濡れた」でも『八月』よりこっちを見ときゃよかったと思う。「モダン」がフェミニズムもネオリ

べ女も超えていく⁉

さてよく見ると、もう一人この映画の中で消えた者がいる。若き平泉征が演じる青年、両親が海で死んで網元の家で使われながら育てられた孤児である。バイクも女もいつも兄貴分北大路のお古ばかり。その鬱屈の果てに啖呵を叩きつけて大都会へ出ていくのである。まるで足立正生の映画じゃないの、これは。

「会社」や「村」から出たこの二人は六九年に何をしたのか。四〇年間をどう生きたのか。失業者の妄想はますます広がってしまう。まだ明るい街に散っていく観客たちの背中を見ながら、もしもこの連中がその片割れか、子どもたちだとしたら――。

映画は失業者の見る真昼の夢なのである。

26 ゴールデンウイークが怖い江戸川橋

「ゴールデンウイークが怖いのよねー」とバイオリン弾きがいう。「そうすよ。その後がね。ほんとヤバくて」と、クラリネット吹きがユーモラスな低音で応える。

「何いってんのよ。あんたなんか一人者でしょ。うちなんか来年大学受験と中一のバカ息子なんだから。二人もいるのよ！」。いきなりオクターブ高いピチカートの早弾きが返ってきた。

昼下がりのヤングママ・グループの背中がピクッとした。黒いサラリーマン集団は雑音を無視するのに慣れている。それが連中の「プライド」ってやつだ。青や灰色の制服を着た現業おじさんたちの耳には入っているのかどうか。狭苦しい椅子にガニ股坐り、爪楊枝をくわえた三人が何やらガーガー喋り続けてる。真新しい一四階建て総ガラス張りビル一階の小ぎれいなコーヒーショップに、本日の仲間たちの場違いな管弦楽二重奏がビリビリと響く。

ブーレーズの出囃子

この展開はどっかで聴いたブーレーズの曲みたいだ。そう、あの現代音楽の巨匠ピエール・ブーレーズ。ぼやくようなクラリネットの低音に、バイオリンの超高音が挑みかかって一気呵成に昇りつめる。メシアンの弟子だった初期かな、そんな曲がね――と、我に返った。

「まあまあ、まあまあ～」と私は両手を広げて二人をやんわり抑えた。ヴォリュームを下げようぜ。弦がぶち切れるほど脳天に来てるのは分かるけどさ。「安全・安心条例」とかってやつもあるし、タレ込まれちゃうぜ。「正体不明の危ない人たちが騒いでます」とかってさ。みんな岡っ引きになれってんだから、ヤバいよ。

都心ビル街の影になった裏道ばかり歩いていると、昼休みのカフェで出くわす面子はどこでもこんな感じだ。表通りのアクリルガラス製ビルから吐き出される黒服のサラリーマンたち。その脇に建った高層マンションからは子どもを抱っこした若いママさん。フリーターやおっさんたちは裏通りのボロビルやスレート張りの作業所から這い出てくる。

「それって『饅頭こわい』でしょ」。声が無駄に反響する店内で私はこれ見よがしにトーンを上げた。あのママたちの耳に入るように。饅頭が食いたくてたまらないけど銭がからっきしない。そんな貧乏人が長屋の連中をだまして買ってこさせ、怖い、怖い、怖いとか言いながら、しまいにゃ全部食っちまう話だ。

「ゴールデンウイークが怖い」とか言っても、本心は海外リゾートへでも行ってみたい。「怖い、怖い」って呟いていれば、なんとかなるんじゃない？

ならないよ。オレたちは二一世紀長屋の住人なんだから。江戸の小噺で混ぜっ返して、不穏な現代音楽の空気を中和しなくちゃ。「仕事が早く上がったら葉桜の『長屋の花見』にでも行く?」。通りの向こうは神田川の土手である。

サムライの国は週休六日

「今年になって一月からずっと週休五日か六日よ」。女性バイオリンの音色にはまだ棘がある。「四月は連休前の駆け込みだから少しあるけど。こんなのすぐ終わり。なにが『景気底入れか?』よ」

杉田さんは多摩市の市民オーケストラのバイオリニストである。失礼ながら、初めて一緒に仕事をした七年前には信じられなかった。八百屋のおカミさんかと思った。いやいや八百屋のカミさんをバカにしちゃいけない。北イタリアのロンバルディアで八百屋のカミさんがストラディバリウスを借りて弾いてるのが、それこそ「市民オーケストラ」ってもんだからね。

饅頭が怖いだけじゃなくブラームスが得意。仕事で組むのは一年半ぶりである。もう五〇代に突入したのかな。こっちの仕事があんまり少ない時は、イタリアン・リストランテの厨房に立つらしい。いや恐れ入りました。

「僕だって饅頭は食いたいすよ。一月は二日、二月は七日、三月は五日。いくら独身だって部屋代も払えねー」。倉田くんもモノホンの現代音楽系作曲家でクラリネット奏者である。英語もフランス語もいけるのに、わざわざこんな蓮っ葉な口を利いている。そこがこいつの面白いところだ。収容所みたいな薄暗い工場の食堂でよく会ったな。このイガグリ頭の三十男がフランス映画の音楽を担当したなんて、同じB定食をパクつく誰も思わなかった。

人と人の繋がりで始まった私たちの紹介事務所には、もっぱらネットから入会する時代になっても、こういう訳ありの連中がけっこう集まる。過ぎし二〇世紀の昔はその道で「食っていける」のが一人前の証しだったらしいが、今じゃそんなことは「考古学」の対象だよ。この狂った国じゃ、「食っていける」ことで大事なものをボロボロ捨てなきゃならない。「食える」ことは息苦しい世界でミイラになって生きることさ。「岡っ引き」か「木っ端ザムライ」だらけの「美しい国」。だったら、かつかつの生活でも息のできるところで暮らしたいのは当然だ。労働と賃金はほんとは関係ないんだから、早いとこ分離してほしいよなー。三人は盛り上がるのである。

饅頭とカマボコ

有楽町線の江戸川橋駅を交差点の方へ、長い地下道を抜けて出ると、相変わらず顔色の悪い町だった。むりやり計画したのか、いかにも作り物めいた新目白通り。取ってつけたような真新しいマンション。首都高速の出口スロープが、神田川をどうにか邪魔したいといった風情で江戸川橋の上にどんよりのしかかる。その上には椿山荘の濃い緑の梢が遠く見えた。そういえば、漱石が『明暗』で、大正初めのこの辺りを書いてたんじゃないかな。妙齢の東京夫人が心の中で嘆きながら、この通りを歩いていくんだよ。

三五年は経っている。早稲田の大隈講堂から都電の駅へ出る商店街の賑わいを避けて、夏の日の夕方、どういう風に吹かれてか大隈庭園沿いの路地を抜けたことがあった。入口に、たいして面白くない品揃えの古本屋が一軒あったと思うが、そこが目的じゃない。新目白通りを右に折れた。いつも工事中の現場囲いを右眼に見ながらとぼとぼ歩くと、都バスがたくさん溜まってる交通局営業所に出くわしたはずだ。そのまた先の鶴巻町の交差点を渡ると、たしかここらに出たと思う。今日とはちょうど逆方向から来たわけだ。

大隈庭園なんて食堂まででしか入ったことがない。由緒あるガーデンより無愛想な裏通りをふらつく方が、あの「大学戦争」敗戦直後の「焼跡」の風情には似合っていた。「もうどうとでもなりやがれ！」ってな感じで小石を蹴飛ばすと、いけねー、アルミの楯を斜に構えた全員濃紺ファッションのいかついお兄さんたちが走ってくる。この無闇に広い通りはバカ田大学常駐のカマボコ（機動隊車輛）置き場だったのだ。夕陽を背に逃げた、逃げた。右に走り左に折れて町工場街の路地裏を走り回ったのが三五年前。それで今、なんの因果かカマボコより饅頭が怖くて、また新目白通りの裏側を彷徨っている次第である。

灰色のまずいカマボコは二度と食いたくないよなー。せめて今川焼でも。とかいいながら、子ども時代のテレビで、カマボコが転がされるのを見たかもしれないバイオリニスト杉田や、カマボコの由来を説明してもウンともスンとも反応しないクラリネット倉田と、野菜ラーメンやニラ炒めライスを腹に収めて、やっとコーヒーショップに落ち着いたってわけだ。


「こんなに饅頭が怖いんじゃ、もうカマボコでも焼いて食うしかないよな」

「でも、添加物の入ってないカマボコって美味しいのよねー」

「どうせこれからずっとゴールデンウイークなんだから、カマボコもいいかも？」

「火のついた瓶で油を注いで、こんがり焼くと香ばしいよ、あの添加物いっぱいの巨大カマボコは。こんどいい焼き方を教えるよ」

すばらしい不協和音の調べである。結局、四時には終わって葉桜を見ながら神田川の土手を歩いて駅へ向かう。リストランテの方もちょっと危ないのよ、とバイオリニストが呟く。今のライトブルーのカマボコ車に悪趣味しか感じないクラリネット奏者も、ピエール・ブーレーズが六八年五月のパリ・オペラ座占拠に加わったのは知っていた。それじゃ一度くらい焼きカマボコの味を楽しまなくちゃね。みんなで転がして、ガソリンタンクから点火するとよく焼けるんだよな。

やっぱりゴールデンウイークは怖かった。終わると、長屋の住人には完全週休七日制が待っていたのである。

27　麹町で光を疑う

この辺りの道筋は武家の匂いがする。久方ぶりに四谷から歩いてきて、鼻が動く。

印刷工場ではどこも九時出勤だけれど、まだ出版関係では一〇時出勤がフリーターにとってなけなしの取り柄である。満員電車がみんなイヤだから。それで、初めて行くところは遅刻しないように早く来てぶらっと周りを歩いたりする。みんな結構そうしてるらしい。まあ、平日の都心部で朝っぱらから「長髪、Ｇパン、Ｔシャツ」のオジさんだから、そこら中の監視カメラとガードマンに遠慮しながら。

「ここらが外堀の北にどんより広がる印刷工場地帯と違うのは当たり前。でも元気のない神保町とも、南のサイバーな企業さんのピカピカ街とも全然違うんだな、なんか微妙な街の光がさ」と崎田さんはいう。

「とにかく静かなんだよ。ひっそりしてる。ビルも全然ケバくないだろ。コンビニも少ないしネオンもカラオケもない。広い歩道に人が少なくて、平日なのに日曜の朝みたいだ。新宿から東に車で走って半蔵門にぶつかるこの辺りを、地元じゃ『麹町大通り』っていうらしいよ。まあ〝地元民〟がどれだけいるか分かんないけどね」

崎田さんは止まらない。

四ツ谷駅を出ると上智のキャンパスの手前にイエズス会のとんがった教会がある。聖イグナチオ教会ってやつだ。それを右手にいかにも「都大路」って感じの通りをブラブラ来ると、日本工営、弘済会館、食糧会館と地味で厳かなビルばっかり。業界団体とか大銀行さんの支店が並んでいる。

「よく虎ノ門が霞ヶ関にへばりつく外郭団体の街とかいわれるけど、ああいう利権の生臭さがないんだよ。歩いてる男も女もそれほど若くない。派手じゃなくて身なりがいいんだ。いい生地のスーツって感じだ。どっから眺めても足軽風情には見えない。大名屋敷の御家人衆みたい。町人衆じゃなくて武家方なんだよ、つまりさ」

武家と文人の街

有楽町線の麴町駅に直結する高層ビルに珍しく一〇分ほど早く着いたが、今日の相棒、崎田さんは三〇分も前に着いていた。東上線のふじみ野から直通で来た。事務所はけっこう沿線つながりで人を選んだりする。それで、あちこちを回って探索していたらしい。担当者を待つ間に眺めのいいロビーでいやよく喋ること。

二年前、彼は誰とも話さなかった。京橋の華々しい出版社で二十何年も花形誌の校正チーフを任されていた人だ。プライドも高いんだな、相当に。それが二年前に突然廃刊になる。放り出されてしばらく、いきなり激減した仕事の怒りをどこにも持っていきようがない。収入は一〇分の一って噂だった。出張校正は月に二、三日、やっとありついた現場で誰彼かまわず爆発していた。標的はオレたちだからたまらない。クライアントの若い娘にまで毒づいちゃう。もう可燃性危険物。まったくもって取っ付きにくいオヤジだったのである。

それがこの半年でだいぶ話せるようになった。

「そう因業な人でもないよ、崎田さんは」。仲間たちにはそう言い含めることにしている。

「もうオレたちは燻し銀の校正職人じゃないですよ。そんな古物はいらないんです。錆びた部品。二十何年も経てば現場の環境も変わってしまう。でも、ポンコツにも五分の魂。しぶとく喰っていきましょうよ」。何度か現場で会って、五つ年下なのに偉そうな話をしたものだ。

さて、今日のお仕事は『厳選！ 未来の有望高校受験案内〈関西版〉』一二五ページである。オフィスは一三階にある。一部屋とってあった。その先の「正社員以外進入禁止」と書かれたカードキー付きドアの奥はかなり広いらしい。ゆとりのありそうな広告代理店だ。

近頃は教育産業に巨大代理店がどんどん参入してくる。この業界の人たちは「校正」という特殊な検品作業専門のアウトソーシング屋があるなんて、どうやら知らなかったらしい。ゴキブリのいないタワーマンションに住んでいるからだろう。

二重窓の会議室は適度に快適である。「コーヒーにしますか、それとも?」。社員さんの応対も慇懃かつインティメート。空調は静穏で適冷。雑種犬のように扱われることはない。丁寧な扱いに「初めは処女の如く」という古い言葉を思い出した。どこでも最初はこうなんだ。そのうち担当者も入れ替わり、何度か仕事を頼んでいるうちに、外部委託の文字職人から壁に溶け込む透明人間になり、悪くすると「クズ拾い」か「ギャラ泥棒」扱いで一日中監視されるようになる。一人残らずそんな経験をしてきた。だから、壁に消える術や声なき声の操り方、視線から外れる術とかを体得するのである。

「忍者かオレたちは?」。帰りの中央線で突っ込まれて「士農工商、校正マン!」って笑ったのはまた別の連中との話だ。そういえばここ半蔵門は、服部半蔵ゆかりの土地じゃないか。

半蔵門の方を向いた窓から見える景色には、見渡すかぎりうるさい看板も電線もない。下界は暑苦しい七月なのに、銀行でくれるカレンダーの澄み切った秋景色みたいだった。

「千代田の森の威光ってやつだよ。江戸の始めは西国の軍勢からお城を守る譜代や旗本の屋敷が並んでいた甲州街道が、太平になって下っ端御家人の住まいとか、城内に裏口から出入りする商人の大店(おおだな)が増える。だから味噌や醤油を商う『麴町』になったってのは常識か。裏長屋の雰囲気じゃ全然ないよ」。一度打ちのめされて「人情紙風船」を知った人間には、旨い醤油のような味が出るもんだ。江戸趣味というより「長屋マニア」みたいな言い方である。

昼飯は外に出ても暑いし高いので、ビル地下のステーキ屋に行く。「Aランチ・コーヒー付き八五〇円」にした。意外と安いのである。和風ハンバーグに噛みつく江戸好きの崎田さんの歯に大根下ろしが絡まっても、舌は止まらない。

「それでもさ、町人が増えて小店が多い四谷界隈や馬糞ごろごろ内藤新宿と違って落ち着いてたんだよ、ここらは。だから明治に文人たちが集まる。ええとたしか、兆民や鉄幹・晶子の夫婦の家があったたし、藤村、鏡花、武者小路、独歩も住んでたはず。滝廉太郎が『荒城の月』を作ったのも、この辺だよ」

ふーん詳しい。グーグルマップで探すようによく知ってる。実は校正仕事の仲間は翌日の現場が決まると、前の晩になんだかんだと調べてしまうのが職業病なんである。文藝春秋本館が通りの向こう側、開高健や山口瞳が若い頃いた寿屋宣伝部、つまりサントリー広告部門がその昔独立した老舗代理店もすぐそこらしい。マックス・ウェーバーの全集を出してる堅い出版社もこの坂の途中だったはず。なんか遠い「文化の光」が差してますよねー、崎田さん。

怪しい光の話

「ほならもう、LEDの時代でっせ！」

いきなり大阪弁が響いた。客が三組しかいないレストランの奥だ。オークブラウンの調度に隠れて顔が見えない。こんなところでセールスとはね。

「大メーカーさんが四千円、五千円に単価下げてまっしゃろ。それでエネルギー効率は何百倍。エコでっせー、エコ！　新聞にそう書いてある。騙されたらあきまへん。あれは球だけ、電球だけ。大手はしばらく蛍光灯型LEDは作りまへん。技術はたいしたことない。そっちのマーケットは比べものにならへんのに。どうしてか言うたら、これまでに作った蛍光灯の在庫がものすご仰山あるから。これが捌(さば)けるまで知らんぷりでっせ。悪いよ大手は。ホンマの話」

へーっ!?　二人とも耳がそっちを向いた。そうなのか。そういえば新聞経済欄のコラムでそんな話を読んだような気もするが……。

「うちは関西のスキマ電器屋やから、そこが勝負ですわ。研究に汗かかせてもろてます。発光ダイオードかて、タコ焼きみたいに並べたらええもんやない。蛍光灯の試作品持ってきてます。これがほんまのエコでっせ、お客さん！」

「スゲーな。ここで夜店の叩き売りとはな」。崎田さん、すっかり毒気を抜かれて半失業者の怒りもどこへやらだ。オレたちもしょせん香具師のパシリみたいなもんだ。叩き売り文化産業の片棒担いでるんだから、ザマあないけどね。

「問題は単価だす。大手さんにどっと参入されたら、うちとこみたいな中小は一発で終わりや。そこで一番お客さん、その前にビルごと全館ＬＥＤ照明、今をときめくエコ・タワーでどうでっしゃろ。単価も下げまっせ。いけますでー、これは。ここはひとつうちらをカワイがって、大きく育ててほしいんやわ〜」

河内音頭並みのいい泣きが入ってる。この西国からの攻めに、思わず一声かけたくなった。千代田城を固める半蔵門を前にして、瀟洒な街の光がにわかに濁ってきた。

28 芝大門、タワー下の悟らざる人々

芝増上寺の大門が八階のバルコニーから眼の下に見える。正月の三日である。立派な並木の続く参道の片側車線をつぶして浜松町の駅から延々と人波が埋めている。長さ五〇〇メートルはあるだろう。途中で二カ所も信号規制をやってるぜ。紺の所轄制服が一個小隊ってとこか。

「浅草なんてもっとすごいですよ、こんなもんじゃないってば。昨日酔っ払って行ったら、銀座線の地下から並んで歩道も車道もみんな満員電車状態でさ。雷門から本堂まで全然動かない。横何十列でひたすら並んでるだけ。仲見世にも辿りつけないから諦めて銀座まで戻って、また飲んだもんね。先輩の大好きなアレ。棒だのカンテラみたいなの持って機動隊が出張ってたよ。マジ」

「オレはあんなもん好きじゃないよ」。連中はどうせ暇なんだから、いいダイエットだぜ。高給取りの機動隊がこれ以上太ったら仕分けされるぞ。

「それにしてもオマエ、恥ずかしいな〜、浅草行ったの。そりゃオレッチのやることじゃないでしょ。まっとうな『日本人』のやること」。九段下や原宿の神様なんかよりマシだけど、こっちは

徳川将軍家の菩提寺、芝大門で新春三日から時給一七〇〇円のニューイヤーで最高だぜ。

「どこもかしこも中国製のインチキ・ディズニーランドに見えちゃうんですよ。どうせ今年は景気なんかいいわけないし。一月は年度末に出す本の急ぎ仕事で、ちょっとおこぼれに与ってるだけなんだから。二月の声を聞けばからからに乾涸(ひから)びちゃうんでしょ。冷蔵庫の裏で永眠した季節外れのゴキブリみたいに」

「ベンツで熱海」の社長さん

大門通りから琴の音色が聞こえる。「春の海」かなんかだろう。

それにしても数学系にしちゃ、よく舌が滑ること。あの音は一階のマクドナルドじゃないの。朝から行列だったもんな。それとも交差点の角に見えた大正レトロ風三階建ての立ち飲み屋かな?

「あら、あれはチャイニーズの女の子たちが打ち込みで演ってる曲でしょ?」。顔を上げてこっちを向いた仲間の女性二人が反応した。

失礼しました。朝の大門駅を上がった所で初詣客をかき分けて「おめでとう」と叫ぶと、太極拳に凝っている人は白いハーフコート、アングラの役者だったもう一人はフェイクファーだった。フリーターにだって新しい年は来る。初仕事はこの男女四重奏である。

あの立派な門構えは「三解脱門(さんげだつもん)」とかいうらしい。浄土宗でいう「三解脱」とは、すべては「空、空、空」、悟り三昧の大境地のことだとか。でもオレたちには「喰う、喰う」ときて「クー」と寝る、にしか聞こえない。

「君たち！　新年特別手当を奮発するから、年末は大晦日、年始は二日からどうだ！　いっぺんに一〇冊も校了日が迫ってるんだ、モタモタしてられない。教員試験は今が稼ぎ時だぞ！」

ここの社長がそう叫んでいたのはたしか暮れの三〇日だった。ただし札ビラでほっぺたを叩かれていたのはもちろん正社員だ。増上寺門前の狸社長はこう付け加えるのを忘れない。

「ただし、年明けにチェックして予定量をカバーできていない者は帳消しにする。もちろん私も出勤するぞ！　どうだね、ガンバってみないかね！」

ところが朝来ても、芝の山すそには狸の尻尾さえ見当たらない。「同族企業の御一家はベンツで熱海に豪遊だとよ」と社員たちが隣で古典的に毒づいている。「ベンツで？　しかも熱海？」。五〇年前の東宝映画「社長シリーズ」に出てる森繁じゃないだろう？　なんて分かりやすい狸オヤジなんだ今どき。ランチの喫茶店で大笑いの四重奏である。

「死にゃあ昭和の名優かよ。ボクはＤＶＤで観たけど、幇間管理職のフランキー堺や小林桂樹、役立たず重役の有島一郎とかの方がいい味だしてたもんなー、スケベの伴淳なんか最高ですよ。ハハハハ（笑）」

いいこと言うじゃないの、数字しか興味のない若造も。

「米軍の戦車まで来たっていう、戦争直後の東宝大争議でスト破りしたのがあの森繁オヤジなんだよ。生臭いぜ〜こっちの大狸も」。教員採用試験の専門誌や県別過去問題集に受験対策講座。絵に描いたような受験インダストリーの商売が、団塊世代の集団退職で教員志望殺到というご時勢でウケに入っている。

「君たちは三流の人間とばかり付き合っているから三流なんだ。私のように一流の方々と付き合わなくちゃダメだ。一流だよ一流！」なんてラッパ吹いて、気の弱い社員を怒鳴りまくってたわよ、とフェイクファーお姐さんのモノマネが利くこと。

「いやー、冗談がうまくって胃に穴が開きそうだぜ」。それで各県教育委員会の偉いさんや文科省天下り教授連中の一流のお尻を追いかけて、日本全国を飛び回ってるわけだ。

ネオンの大煩悩タワー

お神籤（みくじ）売りのガラス戸がもう閉まっている。今日は九時まで残業だからと、七時過ぎに博多ラーメンの白いスープで暖まると四人で境内をぶらつく。階段を上るや、みんな前方上空四五度で視線が動かなくなった。大本殿の頭越しにLEDがギラギラ輝く東京タワーの「ご神光」が降り注いでいる。宋や元時代の大蔵経を納めたという増上寺の本殿が、深山渓谷に立つ山門に見えた。その大屋根からオレンジ色にライトアップされた「ご神体」がズギューンと伸びて、群青に澄んだ東京の夜空を突き刺している。

「日本語が聞こえないわねー」。白いハーフコートさんが光り輝くタワーに携帯をかざして呟く。「撮りたくなるよねー」とカメラモードに入るのが速いこと。

見ると、周りの誰もが祈るように仰角四五度の姿勢で歩いてくる。手にしているのはもちろん経文じゃない、闇に輝く画面という携帯仏像だ。念仏みたいに聞こえるのはヒンドゥー語やウルドゥー語にベンガル語らしい。カップルか家族かグループばかりである。巨大な黄金塔の下、何百という小さな火の魂が寺の斜面に沿って揺れている風情だった。ここはガンジス川の岸辺なのか？

それともゴータマが生まれたターライ盆地なのか？　いや、アジアの果てに流れてきたカレー屋さんとＩＴ屋さんたちだろうって？　そりゃそうだよな。

「衣装代は自分持ちなのよ。これがけっこう大変」「そうそう、私も登録してるんだけど最近さっぱりよ。もう止めようかなー」

いきなりなんのこと？　女性たち二人が参道を戻りながら話している。聞くと、結婚式の員数合わせに親戚の顔をして出席したり、単身赴任のサラリーマン向けに奥さんのフリをして、知らないパーティーに出るバイトがあるという。

「へえー!?　そんな仕事あるんだ」。数学者未満と私は無邪気に驚いた。

「コース料理もけっこういけるのよ」

「やっぱ女の人の方が使い途があるというか、使い出があるというか。数学基礎論なんかやっても、全然食えないもんね」

「でもさ、もしかしたら怖いんじゃないの、それって他人と疑似デートでしょ？」

「そうそう、だからその辺が大丈夫な人しかやらない。私たちみたいに酸いも甘いも噛み分けたというか」と練達のフェイクファー。「というより百戦錬磨というか。でもね、登録する肉食女が殺到してるのよ」と撃ち返すホワイトコート。打々発止（ちょうちょうはっし）とはこのことだ。

昼間ほどじゃないが、東京のどこからかやって来た信心深い人々が、まだまだ続々と闇夜の名刹をめざす。そして光を仰ぎ見つつ、敬虔すぎて本堂を通り過ぎて丘の上のタワーに向かって行く。

これから新人の「スカイツリー」が売れてきたら、この昭和老タワーはどうするんだろう？　浄土宗三縁山増上寺と組んで南アジア人のための「電子仏舎利塔」にでもなればいい。地上三三三メートルに大蔵経の切れっ端でも安置すればＯＫじゃないの。

私たちは何一つ悟らない。

「四時間も講習を受けなきゃだめなんだよ」

「そうだよ。講習の会場が遠いのに交通費も出ないしな」

暮れの二九日に印刷工場で会った草食オヤジたちと、汚れた食堂の隅で二五〇円のタヌキソバをすすりながら話した。女性たちとは大違いである。工事現場で交通整理するバイトの話なのである。

「手当が出る夜勤がいいんだけどさ、捨てるほど人が余ってるしなー」

今年も私たちは悟れないだろう。「空、空、空」ならぬ「喰う、喰う、クー」とね。熱海でくつろぐ狸社長ファミリーは今ごろ何を喰っているんだ？

29 宇宙から来た旧未来、新宿駅南口

「新宿南口のサザンテラス口って分かります？　高島屋の新南口じゃない方の」

前の晩、電話で事務所の担当者から言われた。昔からある南口改札や、タワーレコードの脇を降りる東南口の長い階段、長い架橋を東急ハンズへ向かう新南口と頭の中をグルグル搔き回して、あの代々木に近い仮設みたいな出口か、とやっと画像が出てくる。

「改札で向こうの背の高い人が待ってますから。そこから七、八分だけど、一人じゃ絶対辿り着けないらしいです」

なんだか面白がってる雰囲気だ。事務所にとっても初めてのクライアント、そこに一人で送り込まれるのは「対応力あり」と評価されている証拠。怪しげなところに入り込むのはフリーター稼業の密かな楽しみである。テレビのビンボー番組も格差本もどこかに吹き飛んだ今こそ、いよいよ大貧乏時代の幕開けだよ。フリーター以外選択肢ゼロの二〇代から年金労災失業保険すべてなしの七〇代まで、一寸先は闇。ヤケッパチの裏街道をうろつき回るしかない奴らばっかりだ。

事務所詰めの役員も互選で選ばれたつい昨日までの仲間だ。そのへんの感覚は彼らにも染みつい

ている。だから変てこりんなクライアントの面白さも充分に知っている。今日のそこはギャラは悪くないらしいが、ネットにホームページもない会社だった。初めから選ぶ権利なんてこちらにはない。断れば失業するだけ。妙なところに訳もなく行きたがるのは、つまり非正規根性が骨の髄まで染み込んだってことだ。

空中迷宮を行き惑う

やって来た人の背はたしかに高かった。一八〇はあるだろう。真っ黒いマントのような上着に蒼白い顔と肩にかかる長髪。四〇代に見える。会社のロゴ付き封筒がなければ手塚治虫のブラックジャックである。こんな担当者も珍しい。「どうも〜」と言うが早いか、踵(きびす)を返してサザンテラスの空中廻廊をずんずんと歩き出した。俯いたまま前傾姿勢で進むスピードの速いこと。月曜の朝九時四五分、繁華街のデパートやショップに通勤する人波に矢のように突き刺さっていく。

右にJR新宿ビルとJR東日本の本社、左には高島屋に抜ける広くてウッディな跨線橋が見えてくる。ドコモタワーが迫ると、線路が横たわる大渓谷から南風が吹いてきた。二〇以上も集まる鉄道線は鈍色に濁った大河の流れなのである。

マント姿を追ってこちらも汗が出るほど小走りになった。超高層の林を小田急サザンタワーまで来る。するといきなり右折、ビル正面の大ホールを入るとエレベーターを駆け降りた。建物の中に急な段差がある。まるで崖。その底を左に曲がりさらに階段、また右に折れて出口を抜け、やっとタワー街に挟まれた断崖絶壁の谷間に出たのである。

まるっきり方角が分からない。人工地盤の街をどんどん落ちて、やっと地面に足が着いたのは、どうやら代々木駅へ向かう道の裏側らしい。真ん中に小さな空地を囲んだ袋小路だった。こんなところにこんな場所があるのか……。

茶色の焼成タイル張り玄関ホールの意匠から見て、かなり年代物の高級中古ビルである。一九六四年の東京オリンピック時代には最先端の代物だろう。そこに踏み入れるマント男は一言も喋らない。まあしかし、「理に蒼醒めた」風の人相はやばい筋じゃないだろう。どんな出版社なんだ、いったい？

傷の目立つアクリルガラス・ドアを入ると、今度はいきなり急上昇。ガタゴトと昇るエレベーターが着いたのはてっぺんの二〇階。いや、まだ非常階段がある。「ここです」と通されたのはまるで屋根裏部屋だった。

三〇畳はあるかな？　神保町の老舗古本屋さながら、天井まで詰まった本棚で遮られて奥まで見通せない。どうやらワンフロアらしき部屋は、本や雑誌類、ＬＰやＣＤの音源、オーディオやギターにベースなど楽器類、そんな物の半分崩れた山脈や丘陵で床までごった返している。九〇年代のユーゴ内戦でセルビア軍に砲撃されて崩れたサラエヴォの図書館のようだった。天井は？　と見上げると、たしかにそこにあった。諸文明が交差する書物の伽藍の穹窿（きゅうりゅう）は噴き飛ばされて、東地中海の青天井から陽光が降り注いでいたっけ。写真で眺めただけだけどね。たしかスペインの作家ゴイティソーロの本だった。

「ＳＦ雑誌や音楽本の類を出してるんですよ」とブラックジャック氏が口を開く。会ってからやっと二言目である。へェ～と、クライアントさんの前で思わず長いため息が洩れてしまう。

本の小高い丘の向こうで、派手なファッションの女性が一人キーボードを打っている。会社というより、さながら黒魔術師の秘密実験室。社員というより、マッドなサイエンティストとその若き美人助手にしか見えない。まるで「乱歩の大正」じゃないの。ずいぶんと楽しいところへ来てしまったな。

「そのへんに強い人をお願いしたんで、海外SF動向の翻訳記事ですが、初稿ゲラを素読みでよろしく。窓際の明るいところでどうぞ」。マントを脱いだ痩身白面のこの青年（？）が一人でやっているという。

恥ずかしくない奇巖城で

面白いのはこれからだった。おお懐かしい！　あっちの小山は七〇年代の『NW-SF』誌だぜ。こっちの渓谷はフリージャズのICPレーベルだよ。今にも雪崩れてきそうな雑誌の山間を縫い、カーペットに散らばったLPの沼地に足を突っ込みそうになった。そうやってどうにか窓に近いデスクまでにじり寄る。積み上げられたゲラを睨んで「どうやったって二日はかかるよ」と呟いて顔を上げると、明るいベランダの太陽に目が眩んだ。

窓の外は、ジャンボジェットの主翼かと見紛うような三角形のルーフバルコニーである。それが二〇メートルも先まで伸びている。ビアガーデンかパターゴルフ場でもできそう。翼の向こうから青空をバックにボンボンボンと超高層タワー群が鋭角的に迫っている。超高層なんてものは今の東京で珍しくもないどころか、まあ「恥ずかしい」くらいだろう。ところがここでは空が青と白の巨大カンバス。そこに叩き付けられた宙空に伸びる直線と三角錐、台形が交錯し、正方形が斜めに傾いでいる。ということは、これはもうロシア構成主義のリシツキーである。オールドモダンな幾何学紋様が大空を大胆不敵に切り取っていたのである。

なんだか、これは「恥ずかしく」ない。ブラックジャック氏がここを事務所にしているのは偶然じゃないよ。カーテンの隅にベッドがちらっと見えたものな。南新宿の空中に浮かぶ大迷路の果てにあるルパンばりの「奇巖城」。ここが彼の要塞なのだ。どういう奴なんだ、この御仁は?

そう空想すると、背の高い女性のイエローやブラックの図形がプリントされたワンピースが目の端に入った。まるで研究所の暗い実験室でＤＮＡ操作された人工植物だ。極彩色の花弁がわさわさと動いて、ＭＡＣで音楽本をレイアウトしているんだ。

さっきから実験音楽っぽい音が鳴り続けていた。ギクシャクと腰を痛めたようなリズムに突拍子もなく訪れる無音の時間、これは昔どこかで耳にしたような――。

「なんですかこれ?」と花弁さんに訊くと、「ええと『ケージ・ミーツ・サンラ』っていう作品ですけど」と当然のように彼女は答えた。

なに!? するって〜と、二〇年間もオレんちの狭い本棚に押し込まれたままのあの音なのか。現代音楽のタオを極め、あまりに極めすぎて音を喪った導師ジョン・ケージが、かの「シカゴの香具師の親分」じゃなかった宇宙路地裏楽団の師匠サン・ラーに教えを乞うてはみたが、見事にすれ違っちゃったあの企画ものめいた一枚か。「沈黙を聴く」じゃなくて「スレ違いを聴く」珍名作だよ。こんな音だっけ？

素晴らしい「旧未来」

時代感覚がデジタルになって、頭の中ではワンタッチで二千年前のダマスカスでパウロに出会ったり、一瞬で次の地球間氷期に飛び込んだりするようになった。人の寿命も間延びして、自分が生きているうちに似たことが三回も起きる。なんともデジャヴな世界。毎日の出来事が何もかもずっと前に起きた大事件のリメイクにしか見えない。スケールもどんどん小さくなる。そんなポスト・ポストモダンな欧米ＳＦ批評の翻訳ゲラを素読みしていると、ブラックホールに落ちた気分になってきた。「未来」とはこんなにクダラナイものだったのか。

この二人の側で直感する。アルトサックスの阿部薫と怒鳴り合いながら暮らした鈴木いづみが書き遺した妙ちきりんなＳＦ、あのカラカラに乾燥した異星上の「旧未来」にこの人たちは生きているんじゃないのか？　ここは三五年前にあの前衛カップルがいた幡ヶ谷から遠くないんだし。

夜が来た。でも仕事は終わらない。

一三時と一九時の二回、下のコンビニに降りてパンとおにぎりを買いに行った。私もとっくに「旧未来」の住人なのだろう。ここは妙に居心地がいい。

急峻な山岳地帯から一気に平地に下っていく。天井裏の秘密研究所では、窓のすぐ向こうに外資系ホテル五六階が見える。その最上階にあるミシュラン一つ星レストランのシャンデリアが手に取るようなのに、降りたビルの前にあるコンビニが「まんが日本昔ばなし」に出てくる山すその茶店のようだった。

屋根裏研究所に帰りしな、ライトアップされたタワーの反射光で気がついたことがある。ドア脇の壁に点、点と黒ずんだ小さな穴が並んでいる。マシンガンで撃たれたように。

「いやー、ここは僕の前に関西から来たある組織の大物が住んでいたんですよ」

「前のホテルができるまで眺めはもっとダイナミックだったし。そういう筋の人はこんなチープ・ゴージャスが好きなんですね」。やっぱりそうなんだ。

「ところがある時ね、同居人の女性がカーペットを替えると言い出した。もちろん関西から子飼いの業者をわざわざ呼んだわけです。まあ、長く人をターゲットにしたり、されたりしてきたから。関東者なんか信用できないんです」

「ところが、ズドン！　その辺ですよ」なんて言う。

壁のルミノール反応はまだ消えないらしい。歳の差カップルで即ご臨終。さしもの砦も落ちた。連日連夜の松阪牛山盛りで腹は膨れていたという。それで三年も誰一人寄りつかなかったから、黒マント氏が超格安物件に居られるわけだという。

「ところであなたは、ほんとうは何をされているんですか?」と、話が分かりすぎる校正マンに問うのである。

「いやいや、私はただの無芸なゴキブリにすぎませんよ。ただし旧未来から来た」。このブラックジャック氏とはウマが合う。結局、このギャラのいい仕事は三日間に延長になったのである。

30 四谷愛住町、永住町、番衆町

四谷愛住町の小径を入り込んだずっと奥、曙橋の谷へ落ちていく間際に「暗闇坂」という坂道がある。暗坂とも書く。たしかに暗い。はっぴいえんどの麻布十番とは別だ。都心の西側に「暗闇坂」はいくつもあるが、ここはお天道さまが頭蓋骨を直火で炙る真夏の昼間でも、狭い道筋が濃い影に沈むのである。降りていく膝が笑うような下り坂だ。

地下鉄丸ノ内線から四谷三丁目の交差点に上がると、そこに四谷消防署の暗緑色のビルがある。暇があって目ざとくて、そのうえ物好きな人は、屋上に赤いヘリコプターが載っているのをご存知かもしれない。そこから通り沿いに新宿方向へ少し行き、すぐ右に入るといかにも四谷裏らしい長い細道をまっすぐ歩く。道すがら町家に並ぶ植木の緑が眼に心地いい。江戸から続くそれなりの店屋とその子孫たちが残っている証拠だろう。

じきに町並みに沿って安禅寺や正應寺といった古い門構えが現れ、法雲寺、浄運寺と続いていく。さらに右手のマンションの間から全長寺や養国寺の屋根甍(いらか)が覗くと、小径はにわかに右旋回、靖国通りの底へ競輪場のバンクさながら斜めになって転がり落ちていく。ここが暗闇坂である。奥まった寺町筋の昼下がりに擦り減った自分の靴音だけが響いた。

全長寺と養国寺、崖に寄り沿う寺二つを覆う木々の枝振りが、坂から南の太陽をものの見事に遮る。だから世紀が変わって小ぎれいなマンションばかりになっても、この坂道には「色」ってものがない。幅三メートルもない洞窟さながらの坂だ。いま八車線の四谷の通りは一九六〇年代まで半分しかなかった。四谷見附橋さえ瓦斯灯もなかった明治の闇夜には、ここを通る人は後ろを振り向けなかったに違いない。

たしか中学生だった一九六〇年代の半ばごろ、その先の曙橋交差点の奥に入ったところにあるフジテレビで、大橋巨泉が司会する「ビートポップス」って番組があったはず。『ビルボード』や『キャッシュボックス』の海外音楽誌トップ20を直輸入盤で紹介しながら、若い男女がフロアで踊るという趣向である。

坂を下る途中、土曜の夕方「我が国初のTVロックチャート番組」を見た帰りしなにクラスの仲間と唄ったあの歌を、この膝が突然呼び戻した。ビートルズじゃないよ。それは当然すぎる普通の六〇年代。ドノヴァンの「サンシャイン・スーパーマン」だったのである。スコットランドはグラスゴーのサイケデリック・フォークを口ずさみながら、新宿へ向かう坂を駆け上がり、月曜ホームルームのDJタイムの構成をどうしようか話し合ったっけ。熱風の季節がまだ来る前、懐かしい初夏の出来事である。靖国通りのその坂道は「安保坂」といった。その北側を下ると、幸徳傳次郎aka 秋水たちが処刑された市ヶ谷の東京監獄があったなんて、サンシャイン・スーパーマンの子どもたちは全然知らなかったのである。

暗闇坂を駆け下りた角にイタリアン・リストランテはなかった。

一〇年くらい前に何度か足を運んだ場所には「チャイルドステーション」の看板が見える。当時は、チーズを自在に使いこなすフレンチのシェフがイタリアンを始めたという店だったが「やっぱりないか」。お台場に移ったテレビ局に置き去りにされた町で、ランチメニューがリーズナブルつまり「正気」になり、自分のような人種が口にできるようになった店が生まれた。今はパステルカラーの壁紙が張られ、子どもたちがお昼ご飯に賑わう声がする。

曙橋の辺りは、高層マンションがますます増えて保育園ができ、あとはドラッグストアとラーメン屋やカレー屋ばかりの町になった。「しょうがない」と呟き、四谷荒木町の花柳界から下ってくる新坂の方に向かうと思い出す。

茶巾寿しと丸山眞男

丸山眞男が若い頃に住んでいたのが、たった今下りてきた愛住町の坂上である。甲州街道つまり新宿通りから折れて一分かそこらの安禅寺の手前らしい。一九一四年、大正三年に大阪の天王寺で生まれた彼は、新聞記者である親の丸山幹治に連れられて七歳の時に東京の麴町に移る。翌二二年には愛住町八番地に引っ越して、一高の寮に入る三一年まで九年間住んだという。そんなことを読んだことがある。

大正一一年から昭和六年、八歳から一七歳までの身も心も柔らかい時間をこの界隈で過ごしたことになる。鷗外が逝って水平社と共産党ができた年から柳条湖鉄道爆破の満州事変まで。移った翌年が大震災ってことは、柏木で大杉栄たち三人が縄付きになり、淀橋署から九段下の麴町憲兵分隊まで、新宿通りを甘粕憲兵大尉殿の車が闇に紛れて突っ走ったに違いない。四谷愛住町を通ったのは何時頃か。震災一五日目なら木造の町並みはぐしゃぐしゃに崩れたままだろう。殺された橘宗一の三つ年上、九歳の眞男ちゃんは中野に疎開して、長谷川如是閑の家にいたのかな。

大阪鮓の「八竹」がこの甲州街道沿いに創業したのがさらに翌大正一三年、一九二四年である。すると、讀賣新聞論説委員の次男坊は歩いて一分のこの評判の茶巾寿しを口に入れていたに違いない。帝都に愛想がつきて関西に「亡命」した谷崎に代わって大阪鮓がこっちにやってきた？　難波で暮らした丸山家の人々の舌には懐かしかったはず。底に穴子が仕込まれたあの黄色い茶巾を年に一度か二度、花園町（新宿一丁目）から自転車で五分の猛スピードで買いに行かされるのは小学生の私の歓びだった。高度成長の初期でも大阪の甘酢を江戸前に洗練させたあの味はまだ新鮮だったのである。眞男ちゃんは大通りまで走って買いに行ったのか？　でも大新聞記者の令息だから、岡場所で生まれたオレなんかとは違う。「使用人」が紫の風呂敷に包んで買ってきたのかも。

高校に入った一九六八年に「丸山批判」はとっくに退屈なクリシェ、つまり聞き飽きた常套句である。「進歩的文化人?」「戦後民主主義者?」だって、そんな猫が喰い散らかした干物みたいな人間にはまだお目にかかったことがない。高校でさっそくぶつかったのは、竹刀をかざして襲ってくる保守党議員ご子息の柔道部長である。後には濃紺ロボットの機動隊とテキ屋兼業のカーキ色の方々である。丸山擁護も批判も本当のところピンと来なかった。

だから「積ん読」の果ての二〇年後に妙な角度から彼の本に読み耽ることになる。丸山一家が愛住町に居を構える直前に、甲州街道の宿場女郎屋をギュッと固めて新宿二丁目遊廓ができる。丸山兄弟たちは一五分歩いてそこに冷やかしにでも行ったのだろうか？——という変な問いかけが、大学なんかとっくに追放されたこの身に立ち上がったのである。

囲い塀のすぐ脇で洗濯屋を始めて間もない夫婦の姿を彼らは見かけなかったのか？　私の婆さんが道楽者の旦那のお尻を叩いて、女郎屋を相手に洗濯屋の看板を上げたのはちょうどこの時分である。疑問はまだまだ湧いてきた。大正の終わりには寂しくなっていたとはいえ、通りを渡った四谷二丁目の向こう側には、赤坂離宮にぶつかる谷底まで鮫ヶ橋の貧民街がくねくねと続く。彼が通った四谷第一尋常小学校のクラスの三人に一人はそこから来ていたという。その子たちは茶巾寿しにお目にかかったこともないはず。ドノヴァンじゃなくて、朝っぱらから浪花節をがなる餓鬼どもの声は、あの「歴史意識の古層」にどう通奏低音しているんだろう？

錦松梅と野坂昭如

四谷三丁目交差点の向こうに佃煮と振りかけの店「錦松梅」が暖簾を掲げた昭和七年には、丸山家は杉並の高井戸（松庵）にまた引っ越しだ。ということは、次の年に唯物論研究会の講演会で逮捕され、本郷の本富士署で喰った差し入れの飯にはあの振りかけはかかってないってことか？

それから一六年後に、野坂昭如は愛住町の同じ小路のもっと奥の方に住んでいた。一九四九年に新潟大学を退学して、県の副知事である父の別宅の庭に離れを建ててもらう。そこから早稲田に歩いて通い、五二年くらいまでは暮らしている。この時代、鰹節と白胡麻にキクラゲや松の実を煮込んだ振りかけを銀シャリにぶっかけた茶漬けを、野坂青年は酔い覚ましに掻っこんだに違いない。

あの甘辛さは二日酔いの舌に格別だからね。

一丁目から四丁目まである四谷一帯はちょっとした高台といっていい。武蔵野台地の先っぽで、その尾根道が江戸城の勝手口に直結する。都大路のように広い街道である。そこを信州、甲州、武州から馬の背や荷車に食糧を積んでやって来る。だから奥へ入る小径は「路地」でなく「小路」である。鮫ヶ橋の谷間さえ見なければ、貧に窮した埃っぽさはこの街には似合わない。細くとも脇道はどこまでも真っすぐである。

ここに東京帝大出の新潟県副知事が別邸を設けてもなんの不思議もないのである。その庭の片隅に学生一人で「六畳＋四畳半＋三畳＋台所風呂付き」の豪勢さ。一九二五（大正一四）年には西隣の永住町二番地（四谷四丁目）で、元樺太庁長官の祖父や農商務省高級官僚の父の下で平岡公威、つまり三島由紀夫も産声を上げていた。そんな場所柄である。

当方がバカ田大学に潜り込む一九七二年には「野坂礼賛」もまたクリシェである。黒メガネにスーツをマネた無頼信者が肩で風を切り、新宿の酒場でとぐろを巻いている。じきに戸山の構内から消え、半身不随の親父に代わって、そんな酒場に洗濯屋として御用聞きに窺う身になったのはなんの因果か。そんな者には、酔っ払ってテレビに映る作家の白いスーツが羞恥と濁りを隠す僧服に見える。もう痛々しくてたまらない。

それで読むのを遠慮していた愚か者も、高度成長もバブルもベルリンの壁も世界貿易センターも何もかも崩れ落ちた頃になって、餓えたように読み始めるのである。

唸ったのは、自分を引き立ててくれた一五歳年上の先輩作家、一二年ほどすれ違って隣町に住んだ人の性と業を哀切に語って、しかし互いの違いを抉り出す『赫奕たる逆光』一巻である。酒も女も金も浴びるように呑み干して六二歳になった野坂の、ペンを握る掌の温度湿度の妙に驚嘆した。う～ん、四谷を過った人々よ。今日は家で仕事。その合間の散歩でこぼれた独り言である。

永住町から番衆町へ

一九七〇年に曙橋の東にある軍事施設のバルコニーでちょっと派手な死に方をした先輩作家は、自分の生まれた高台の屋敷から見える低い所を「土地柄のあまりよくない町」と自作の中で書いている。親藩、大官、宮家と権勢のノスタルジーに憑かれた祖母が支配するこの高台の家で、学習院に通う少年は「仮面」の日々を生きる術を身につけたという。

四谷新坂近辺のなんでもない中華屋のなんでもない定食を食べて、そのまま靖国通りを「土地柄のよくない」新宿二丁目方向に帰ろうとして振り返ると、永住町で育った作家が朽ちた場所が「防衛省」という巨大な墓標になって膨れ上がるのが見える。そのまま番衆町（新宿五丁目）の安保坂を上っていくと、この裏にある東京医科大学に通ったもう一人の作家の言葉を思い出した。

「昭和二十年四月十四日（土）晴　新宿駅に着くに、二幸より伊勢丹に至る線を第一線として、そのかなた焼土と化す。そこよりちょっとゆくに、思いがけざる位置よりわが母校の本館見えたり、すなわちその周辺ことごとく焼野原と化したればなり」

「同七月二十八日（土）晴　全日本人が真に魂の底から感動して震えしは、戦争に於いてすらも――この大東亜戦争に於いてすらも、最初の十日間或いは三日間にあらざりしか」
（山田風太郎『戦中派不戦日記』）

市ヶ谷台で膨張し続ける墓標を仰ぎ見ながら、四谷沿いで生きられた「明治大正昭和」は近くなりにけり、とかつてのサンシャイン・スーパーマンは考えに耽る。聖なる戦を信じたのは三日か一〇日か。日本人の精神の鼓動を聴診器で測る医学生の卵はこの時まだ二二歳である。

Ⅱ
群衆史

北関東ノクターン

1　二つの地平線

東京二三区の限られた地域の中で、地下鉄や自転車を使って街の底を右往左往しているような者が、二〇〇五年の秋にパリの郊外で続いた騒乱状態について語れることは極めて少ない。

それでも、こういうことなら言えると思う。

例えば東京には地平線が二つある。

たまたま都心部のマンション一一階の狭いフラットで家族四人暮らしている。生家が都心の裏町にあったからだ。仕事にあぶれた日に部屋で書きものをしていると、一日一回くらいはベランダに出て息抜きがしたくなる。もう築二〇年。このくらいのマンションの上階は、夏は冷房が効かず、冬は底冷えがして、意外と好まれないものなのだ。だから夏など、夜遅くへトへトになって帰ってきて、風呂から上がると暑さしのぎにしばらくベランダに出る。手摺りに摑まって風に当たるのである。タバコもとうに止めてしまったし、何をするのでもない。空調の室外機や車が流れる音、都会の闇が立てる唸り声を聞きながら、ひたすらボーッと遠くの繁華街の灯りを眺めているのである。

そんなことをしていると、ある日、ビルの一〇階くらいの高さにもう一つの地平線があることに気づいた。

現在では「都心五区」と呼ばれている地域の大通り沿いでも、六〇年代までは建築基準法の高さ規制で五階から七階くらいのビルが多かった。その裏側はひたすらモルタル二階建てが続いていた。一九五〇年代後期の映画全盛期に描かれた戦後都市のある種の落ち着きは、この「書き割り」（舞台などの背景画）の中で育まれる。例えば小津安二郎の東京である。それが容積率規制に変わった七〇年代から一〇階程度になり、二〇世紀いっぱいは続く。この時期に、無数のRC造りビルが都心西側の起伏を覆うように造られたのである。それはまるで地上一〇階付近の空中に人工地盤が造られたようなものだった。

ここ数年の新自由主義による規制緩和で一四階建て以上が増えてくる。その姿はこの「第二の地平線」のあちこちに造成された小高い丘陵という感じである。その上に四〇階、五〇階のタワーの林が成長しているのが現在だ。

ところが、喰うために「第一の地平線」の地面あたりを毎日ウロウロする者にとって、そんなものはただ鬱陶しいだけである。どれほどきらびやかに夜景を輝かせても「都市性」など感じない。「都市」とは人間がとぐろを巻くところだからだ。超高層タワーがパレスチナ人たちを閉じ込める隔離壁のように見えてしまうのである。一方にはまた別の人々がいる。「第二の地平線」のさらに上層に住まいを持つ人たちである。彼らにはタワーの連なりが、なにか新しい「生態系」を彩る自然の森のように見えはじめているはずだ。その予感を描いたのがJ・G・バラードのSF小説『ハイライズ』である。

こういう別々の「地平線」を見つめて生きる二種類の人間たちがこの東京にはいる。ちょうどその境界あたりの空中に私たちの家族は住んでいるのである。これが私の心理的なランドスケープであり、思想的なランドスケープつまり「階級地理」でもある。ここから見えるものと見えないもの、そして「境界」だからこそ見通せるものがあることを確認しておきたい。

2　イスラム主義の翳り

ベランダから見えるそんな「第二の地平線」のはるか向こうに目を凝らしても、もちろんパリ郊外の町クリシースボワ（二〇〇五年パリ郊外暴動の震源地）は見えない。それでもかすかに感じ取れるものがある。

それはイスラム主義の喊声がまったく聞こえてこないことである。アル・カーイダは騒乱への関与をほのめかすような声明を一切発表していない。ＧＩＡ（武装イスラム集団）やＦＩＳ（イスラム救国戦線）といった、九〇年代前半のアルジェリアで陰惨な死闘を演じた組織の亡命分子が関わったという形跡も今のところなさそうだ。焼かれる車の傍らで、パレスチナのスローガンを叫ぶ声やクルアーン（コーラン）の朗誦が聞かれたという報道もないのである。

これはかすかだが、しかし画期的な兆候といえるかもしれない。二〇〇五年秋の騒乱に加わった者たちが、フランスのどんな地域のどんな社会集団から現れ、いったいどのような配合を構成していたのかについては、専門の人たちによる然るべき考察に任せよう。私は、パリはおろか、ヨーロッパの土さえ踏んだことがない。言葉と土地カンに通じたジャーナリストでも、国際学会を飛び回る研究者でもない者の能力をそれは超えているからだ。

だが言えることがひとつだけある。一九六八年以来、私自身が首を突っこんできたあらゆる騒擾の主体について、ただの一度も正確に報道されたことがないということである。これがこの身に喰い込んでくるのである。六〇年代後半の街頭行動に始まり、山谷の日雇い暴動から新宿西口ダンボール村や早大での地下空間闘争にいたるまで、事の次第やその主体についての報道は、すべて紋切り型の先入見によって覆われていた。この事情はパリでも変わらないと思う。だからフランスの少年たちもこう呟くことだろう。「俺たちの本当の姿が語られることなど決してない」と。

いわゆる「移民」の子どもたちなのか、それとも下層民たちの崩壊した家庭から現れた者たちなのか、アフリカ系なのか、マグレブ（アフリカ北西部）系なのか、東欧系なのか、それとも、それらすべての配合なのか。もしそうだとしたら、その配合成分はどうだったのか。いずれにせよ、次のことだけは銘記されるべきだろう。

一九九〇年代初めのソ連崩壊以来、全世界を洪水のように襲った左翼自壊現象の後、アメリカの軍事支配や市場原理主義に抗おうとする動きを代理表象し、またアメリカの軍事勢力によってそう誘導されてきたのが何より「イスラム主義」だったとしたら、遂にその表象自体の底を踏み破るような動きがヨーロッパの一角から染みのように現れてきたのだ、と。おそらくフランスの騒乱は何ものにも表象されえない。そこにイスラム主義の翳りと、そこから生まれる新たな可能性の萌芽を見たい。

すると直ちに、こんな反論が予想されるだろう。

一〇月二七日、警察に追われたアフリカ系の二人の少年たちが感電死したことに始まる今回の騒乱が続く最中、一一月九日に開始されたエジプト議会選挙では、イスラム政治組織のムスリム同胞団が改選前の六倍、議場の二割を占めて躍進したではないか。さらに来たるパレスチナ自治議会の選挙では、ハマース（イスラム抵抗運動）がアル・ファターハの二倍の議席を獲得する可能性すら指摘されている（一一月末）。イラクでも依然としてイスラム勢力を中心とする武装抵抗が止む気配はない、と。

3　ウンマと新自由主義

しかし、と言おう。私がこれまで見てきた限りで、数少ないムスリム同胞団の階級構造を掘り下げた論考といえるルモンド・ディプロマティーク紙（日本語版web）の記事によれば、長い非合法時代に組織を担う中核層には技術職を中心とする中産階級が台頭していったという。これはエジプト社会の工業化と軌を一にしていた。その結果、同胞団そのものが相互扶助的な福祉団体と化し、国民国家を超えてカリフ制の下でのウンマ共同体を志向するようなメシア主義的な政治傾向からは決定的に離れつつある。そうした傾向を代表していた人々、つまり七〇年代にマルクス主義から離脱してイスラム主義に向かった潮流は分派して去り、九〇年代にルクソール神殿襲撃事件（エジプト外国人観光客襲撃事件）を起こしてアル・カーイダに合流していったのである。

誤解を恐れずに言おう。これは同胞団の「創価学会」化である。創価学会も特に九一年に日蓮正宗総本山・大石寺と絶縁し、本尊と繋がる宗教的な正統性を絶たれて以来、はっきりと池田家と創価学園出身者を中心にした「池田教コンツェルン」と呼ぶしかない相互扶助的な企業集団と化していった。その組織を動かしているのはもはや下町の商店主や町工場の経営者たちではない。創価大学生え抜きのエリートたちなのである。公明党議員団の多くも彼らが占めるようになった。『立正安国論』的な急進主義は過去のものとなる。皮肉なことに、そうした企業集団化した組織が行政利権を分与されて崩れかかった自民党を支え、小泉ネオリベラル改革を引き寄せてしまうのである。その結果として、戦後長らく巨大教団を下から支えてきた階層の経済基盤は衰えていく。若い信徒の補充も途絶えがちになり、日本社会とともに高齢化が進んで、組織は日一日と痩せ細りつつある。

ムスリム同胞団の議会進出は、こうした意味での「公明党」化である。棘を抜いてしまえばアメリカにとって大した脅威ではない。むしろ歓迎すべき事態である。それを吸収できない理由は、ムバラク体制とそれを維持するブッシュ政権のフレクシビリティのなさ以外ではない。むろん棘は簡単には抜けない。エジプトの一人当たりGNPはスペインの一〇分の一、トルコの半分でしかなく、アズハル大学で日々講じられているムハンマドの教義に秘められた千年王国主義的な起爆力は、日蓮立正大師のそれの比ではないだろう。

だから当面弾圧は続く。しかし同時に中産階級化もいっそう進行していく。

では分派していった人々が合流したアル・カーイダはどうなのか?

二〇〇五年の終わり、彼らが向かったイラク戦線は混乱している。占領下の選挙に参加したシーア派への無慈悲な攻撃には動揺が広がっているだろう。イスラム内部を標的とした結果、深刻な内部論争の気配さえ窺える。ウンマ社会の中では、キリスト教徒やユダヤ教徒さえ同じ旧約聖書を奉ずる「啓典の民」ではなかったのか。スンナ派のクルド人たちに対しては今後どう対処するのか。これは錯綜した「内ゲバ戦争」である。いずれにせよ、なんらかの形でアメリカ軍を排撃したとしても、そこにはウンマ共同体的な社会形成やただ一人のカリフを戴くという、壮大な世界構想のほんの端緒すら見えてこないのである。

4 マルチチュードの底

先日、キアロスタミの助監督を務めたイラン在住のクルド人であるバフマン・ゴバディ監督が撮った『亀も空を飛ぶ』(二〇〇四年)を見る機会があった。その一シーンを想う。生きるために地雷撤去の下働きをする中で手足を失ったクルドの子どもたち数十人は、フセインの軍隊による虐殺を逃れた末に、アメリカ軍のヘリコプターがクルディスタンの山間にやってくるのを心待ちにしていた。

待ちに待ったその日のことである。松葉杖を携えたリーダー格の少年は青空市場でアメリカから輸入されたという真っ赤な金魚を手に入れる。真っ暗な難民キャンプの夜、崩れた塹壕跡の寝床で目を輝かせて鱗を見つめるのである。ところが金魚に触れたとたん色が落ち、見る間にビニール袋の水が朱に染まっていく。英語が少し分かり、CNNを受信するアンテナの操作を大人たちから請け負って「アメリカ! アメリカ!」と叫んでいた少年は、この後すぐアメリカ軍の戦車が来た道とはまったく逆の方向に向かう。子どもたちはその後をついていくのである。

言うまでもないが、ニセ物の金魚とはアメリカ製のネオリベラリズムのことである。一見金ピカだが中身は死にかけた魚。そして松葉杖の少年たちが目指すのが、旧来の意味でのマルクス主義的な抵抗の形ではないにしても、急進イスラム主義の方向でもないことを、この映像が描き出す視線は明らかに示唆している。この作品はイランとイラクの合作である。にもかかわらず、モスクの光塔、聖句のカリグラフィ、三日月のエンブレムなど、イスラムの表徴は銀幕にまったく姿を見せないのである。クルアーンの読誦さえほとんど聞こえてこない。

死にかけた魚を金ピカに彩色して売る。そんなネオリベラリズムの貪婪(どんらん)な欲望がクルディスタンの山中まで覆い尽くした社会を、その底からどう変えていけるのか。同胞団の流れを引くパレスチナのハマースもまた同じ困難に直面しようとしている。彼らはパレスチナ人同士の殺戮を避けようとする自制心を保っている。総人口の一割を占めるキリスト教徒のパレスチナ人やアルメニア系との致命的な衝突に至ったこともない。エドワード・サイードがハマース系知識人との接触を絶やさなかった理由もここにあるだろう。内訌を繰り返してきたファタ一ハや左翼諸派を凌駕する高い支持率は、そのウンマ(イスラム共同体)的な安定感に対する評価に違いない。

しかし議会に加わり、なんらかの国家システムの形成に関わるなら、資本主義の惑星的なダイナミズムに触れることを回避できないのである。これまで、ガザに閉じこめられたパレスチナ人たちの生活を支えてきたのは、サウジの王族や各地のムスリム資産家たちからのワクフ(寄進)である。免罪符にせよ、押し寄せる資本の高波を、こういうイスラム的非市場システムの応用や拡大で乗り切っていけるのだろうか。

次々と更新されるIT金融技術に乗って膨張する実体なき資本主義。その帰結としてもたらされる極端な階級分解を超えていくような、どんな社会の在り方を構想できるのかが、二一世紀を通じて全世界で問題となり続けるだろう。ラディカルなイスラム主義が直面するのもこの問いである。

いずれにせよ、そうした世界を〈帝国〉と呼ぶかどうかは問題ではない。ネグリとハートが言う〈帝国〉に外部がないとするなら、当然のように〈マルチチュード〉にも外部がないことになる。ここで問題とすべきは、むしろこのマルチチュード概念のフラットさの方なのである。

しかし「底」はある。マルチチュードには「底」があるのである。

では「新自由主義」とは何か？

私なりに答えてみたい。それは絶対的極少数者による日々の王位戴冠であり、圧倒的多数者に対する日々の死刑執行である。ネット・トレーダーたちにとっては、ほとんど一瞬一瞬の最終審判といってもいい。そしてそれはすべて自己責任によるものとされる。つまり「負け組」とは自分自身に死刑を執行する者のことなのである。いわゆる「成功者」を無条件に賛美する最近の風潮、破産者や自殺者の増大を思えば、これは決して誇張とはいえない。心を縛るその規範力は恐るべきものだ。ベンヤミンは言う。「死刑の意味は違法を罰することではなく、新たな法を確定することなのだ」と（『暴力批判論』、野村修訳）。つまり新自由主義は身に刻み込まれた「法」になったというべきである。そしてベンヤミンはこう続けている。

「しかし同時に、まさにこの点においてこそ、法における何か腐ったものが感じ取られる」

繰り返されるバブル現象の浮き沈みを超えて、このことを感じ取ろう。絶対的な法と化した資本主義における「何か腐ったもの」。この腐乱の沼に身をさらすことなくしては、資本主義批判の運動に真の力は生まれない。出来合いの表象を拒むフランス郊外の騒乱は、マルチチュードの「底」からこうした「何か腐ったもの」を突き上げようとする、ほとんど本能的な動きの一つなのではないだろうか。

5　北のプア・ホワイトたち

さて、もう一度一一階のベランダに戻ろう。

「第二の地平線」を前方に仰ぎながら、南へ向けた視線をゆっくりと東から西へ移していく。芝公園の東京タワーや六本木ヒルズを過ぎ、青山通りや渋谷の辺りでは再び地価が二倍に高騰しているなどという話は、「第一の地平線」にへばりついて暮らす者にはあまり関係のない話だろう。湾岸や隅田川沿いはさすがに視界に入らないが、そこでもタワーマンションが次々と着工されているという。都心の南側は「第二の地平線」の上に生い茂る森や丘でますます起伏に富んできた。そんなバブルが何度膨らんでもすぐに終わる。そんなことが繰り返されれば繰り返されるほど、空中に生きる者は舞い上がり、地表に生きる者は地面にめり込んでいくのである。

さらに西の方角へ行く。一〇年前なら夕陽を背にした富士山の山影が見えたところに建つドコモ・タワーの方向から、杉並、中野、豊島とめぐって北へ向かう。するとたちまち視線を遮るものが少なくなった。池袋方面から北へ、板橋、北、足立の一帯はかなり遠くまで見渡せる。数年前に板橋の幹線道路沿いに立つ工場ビルについて書いたことがあった（「階級的東京」、『暴力と音』所収、人文書院）。そびえ立つ南のハイライズと北の低い平野のコントラストは、その時よりもはるかに鮮明になったと思う。そのずっと先、川口や松戸の駅近くにポツポツとそびえる超高層マンションの方が、晴れた日には霞の向こうの鎮守の杜のように浮かび上がって見えるくらいだ。

騒乱が最初に始まったクリシースボワは、パリ市内中心部から東北東に二〇キロほど行った所にあるらしい。海や川の見える西南方向に上層階級が住み、荒涼とした北東の平野に向かって下層階級が広がるのは、およそ北半球のメガロポリスに共通する階級地理の展開である。

中心部から二〇キロというこの「下層たちの地理」

を関東平野に当てはめてみると、ほぼ八千代、柏、越谷、大宮、川越といった千葉から埼玉へかけた一帯だろうと思う。実はこの辺りというのは、毎日私が一緒に働いているフリーターたちが都心の仕事場に通って来れる限界域なのである。東葉高速鉄道、つくばエクスプレス、埼京線といった長距離通勤ラインが都内のターミナル駅から地下鉄に直結して初めて、時給のいい都心の職場への通勤展開ができるようになった。家族持ちのフリーターにとって、これ以上遠いと行き帰りに時間がかかり過ぎるし、交通費が出ても上限を超えてしまうからだ。

独身者たちは、山手線内の南側半分を除いた二三区内の目立たない裏通りに立ち並ぶワンルーム・マンションに詰め込まれている。ここからギリギリ三〇キロ圏ぐらいまでに広がる1DK～3DKの狭いフラットを詰め込んだマンション群が、東京フリーターたちの居留地帯といっていい。官庁が決して調べないフリーター人口密度の重心は、どう見ても北東の方向に偏っている。

この時点ではこれ以上のアナロジーは慎もう。フランス各地の都市郊外に広がっている経済社会的な地勢についての信頼できるデータもなく、社会保障制度やエスニシティの歴史など、あらゆる条件が違いすぎるのである。ただ一点だけ、クリシースボワからさらに東南東へ約二〇キロの地点にユーロ・ディズニーランドがあることを指摘しておこう。つまり暴動の震源地はパリ市内とディズニーランドを結ぶほぼ中間地点にあったのである。騒乱の主人公たちがベンヤミンや私の言う「ミッキーマウス」めいた者たちかどうかは、まだ判断できないところだが。

今はただ足下に蠢くマルチチュードの「底」へ向かって進みたい。まだ二〇代終わりの、年若いが極めてタフな友人が赤羽でこんな経験をしている。夏の暑い一日が暮れた深夜一二時近く、赤羽駅前の繁華街裏にあるビル三階のインターネット・カフェで、友達とのメールや調べ物をしながら時間をつぶしていたという。すると一人の男に声をかけられた。
「お兄さんどうだい、明日仕事に行かないかい。朝早いけど払いはそこらのコンビニよりはずむよ」

この時間に風体は水商売でも工員風でもない。キャップを逆に被った男の髪は短く刈り込まれ、顔色は妙に浅黒い。身は軽いが目つきが鋭かったという。四〇代に見えた。イスを寄せては、息子ほどの相手に平気でズケズケと話しかけてくる。

どう見ても「手配師」である。つまり人の集まる街中で声をかけては、怪しげな肉体労働を斡旋し、中間マージンを掠め取る稼業だ。「こんなところで」と面白がって話に乗ると、ビル工事現場の片づけだが、イベントの手伝いやビル掃除もあるという。

「山谷や上野はもうアカン。これからはオタクみたいなフリーターや。ここらや池袋あたりのマンガ喫茶やネット・カフェに行けば、いくらでも人は集まるよ。コンビニもいるで。どや、一緒に稼がんか」

なんだか知らないが「こいつはいける」と思われたらしい。ポロシャツの肩にかけた上着の裏に組のバッヂが覗いている。それを見つけると急に喉が渇く。ビールが飲みたくなったという。

要するに、供給サイドにはもうとっくに寄せ場の日雇い労働者とフリーターの区別はないのである。建設労働の現場と、例えばＤＴＰ制作会社との間の区別もほとんどなくなった。竹中平蔵が言う「サプライ・サイドの経済学」とはこういうことだ。厚生労働省による二〇〇三年の調査は、非正社員率を三四・六％とし、その八割近くが月収二〇万円以下、その半分は一〇万円以下と発表している（「就業形態の多様化に関する総合実態調査」より）。これは三年前の全国平均である。事態はもっと進んでいる。

そして、ここが山手線内から外れた「赤羽」であることが間違いなく重要だろう。つまり部屋代が安いこの場所は、京浜東北線や東北本線、埼京線を通じた東京と北関東の結節点なのである。池袋で遊ぶ余裕はないが、北関東の地元に近いから若い子たちも集まる。ということは、ここから北に大きく扇状に広がる一帯では、膨大な数の夫婦、兄弟、親子が不安定な稼業でやっと暮らしているのである。赤羽の一点から、そういう家族の物語をめぐる光景が浮かび上がってくるのである。

6　新自由主義における「何か腐ったもの」

もっと北へ行こう。

二〇〇四年の九月、栃木県南部の小山市を流れる渡良瀬川支流の思川で、四歳と三歳の兄弟二人が車から深い渓流へ突き落とされる、という事件があった。都心から北へ約六〇キロである。容疑者はかつて産業廃棄物処理業を営んでいた元暴走族の三九歳の男。殺されたのは、族時代の兄貴分から容疑者に押しつけられ、むりやり部屋に同居させられた子どもたちだった。狭い3DKの部屋で母のいない自分の子二人を含む四人の子たちを持てあまし、生活費の負担に耐えかねた男が、自分まで転がり込んできた兄貴分の横暴に耐えかねた結果がこの殺人である。

「ぶっ殺してやる！」という「被害者」兄貴分の、兇悪を絵に描いて滑稽の域に達したような記者会見のシーンと、秋色の渡良瀬川流域を背景にした捜索シーンの印象深いミスマッチな画面を、まるでデヴィッド・リンチの映画のように記憶している。

一九九〇年代前半まで茨城、栃木、群馬の関東北部三県は、実は一人あたり県民所得で埼玉、千葉を上回っていたのである。その所得の主なものは、すでに県内で人口比一〇％を切っていた第一次産業の収入ではない。日光、那須、塩原といった北部山岳の国立公園地帯がもたらす観光収入が高度成長期には膨張する。それに関わる道路や橋、ダムといった公共事業に絡みつく土木・建設業や、さらに不動産業、関連施設の職員というサービス業などから上がる収入が、平均所得を押し上げていたのである。

この構造が九〇年代後半から崩れた。グローバル化や人口減少、日系移民導入、さらに県全体の財政悪化、公共事業縮減といった、お定まりのストーリーについてはもう説明の必要はないだろう。二〇〇五年、栃木に初めてジャスコが進出したのはその仕上げである。その結果として、産業構造の最末端に喰らいついていた者たちによる人間回収ルートもまた大混乱に陥る。

地方都市で、中学時代に暴走族およびその周辺に選別された者たちの多くがたどる人間回収ルートは、おおむね土木・建設業、ヤクザ、警官、右翼といったところである。上層エリートが完全に世襲化しているこの国では、こうした汚れ仕事の生業も世襲の伝統芸なのである。このヴァナキュラーな世界がグズグズに崩れていく。

この事件はどこか妙である。

なぜ、ヤクザじみた流れ職人の兄貴分が族時代の弟分に自分の子を預けるのか。高校を中退した後、東京で就職した建設業を束ねる組の資金網と地元を結ぶ利権水脈がどんどん細り、覚醒剤に溺れては女を搾り取る生き方がもう成り立たなくなったのである。女にも逃げられ、押しつけられる親もすでにいない。一方、高校を出た弟分も衰えた回収ルートの端になんとか喰いつき、土木の看板を上げたはいいが、経営は破綻していた。

それでもこの地域にはフリーター仕事はない。県内の中心都市を回っても募集はない。弟分は農家出身で辛うじてパラサイトできる親がいたが、産廃施設に絡んでヤクザに土地を取られていた。どうにか住めるボロ家以上の資産もない。こちらも妻に見限られ、一一歳と六歳の子供に苛立っては殴る壊れた毎日さえ、転げ込んだ族の腐れ縁で立ちゆかなくなる。秋の初めに渡良瀬川の分流でついに暴発したのは、こういう崩壊した回収ルートと新たな階級構造との間に開いた裂け目である。

かつて、ゲイ（というより「オカマ」と呼んだ方がしっくりくるが）を愛人にしていた新宿の中年ヤクザに遭ったことがある。主なシノギは厚生年金会館ホールのダフ屋の稼ぎだった。彼らの渡世にとってもそんな小商いはバブル時代に似合わない。細る一方の生業に組織はヘロインを扱うようになる。その商売物に手を出して昼間から舌も回らず、ボロ布のようになった。オカマのヒモとして組の兄弟筋からもクズ扱いされていた。それと同じくらい、逃げた女に子を押しつけられるなど、裏世界の連中には面汚しもいいところである。東京を離れて地元の族関係に送ったのはそういう理由だろう。

どれほどワガママな子だったとしても、秋が迫る渓流に末期の叫び声が響いたろう。それは悲痛である。残された弟分の子供たちもこれからどうなるのか。

ここに噴き出しているのは、新自由主義における「何か腐ったもの」である。宮台真司や北田暁大が強調する「終わりなき郊外的日常」などではない。とはいえ数理マルクス経済学の吉原直毅が言うように、IT起業家たちが全体を引き上げるというリバータリアン的な規範理論に対して、情緒的な批判を並べるだけでは無力なのも間違いない（『「新自由主義」に対する科学的オルタナティブ構想に向けて』より）。

「だが」と言おう。この「底」に手を付けなくていいのか。この連中一人ひとりはどうにもならないとしても、こうした「何か腐ったもの」を見据えて別の生をめぐる対抗構想を立ち上げなければ、腐臭は耐えがたいものとなるのではないのか。

7　夜想曲を聴く

映画『山谷　やられたらやりかえせ』にこんなシーンが出てくる。日雇い地区の真ん中、明治通りを渡った裏の組事務所に近いドヤ街の路地で、労働者たちを路上トバクに誘う組員たちの映像が出てくる。転がるサイコロの軽やかさに惹かれて集まる人たちから、なけなしの千円札を巻き上げる筋者たちのあざとい表情が映る。ネット・トレーディングを煽る竹中平蔵の顔つきもこれと似たように見える。「小学生からの金融教育」とは博打の胴元が口にする綺麗事に聞こえる。だが、竹中がなんと言おうと「何か腐ったもの」は噴き出してくるだろう。

足尾鉱毒事件があった渡良瀬川の流域には今も不吉な空気が漂っている。幼児兄弟殺し事件の起きた間々田地区、その思川の流れを挟んで対岸である下都賀郡は、私の父が育った故郷なのである。明治大正期の下都賀郡は広い。現在の東京二三区全体にも匹敵するだろう。この地域の南部に谷中村があった。鉱毒を隠すために押し潰され水に浸かった村である。田中正造が住み荒畑寒村が書いた谷中村では、赤茶けた大地が剝き出しになったままだ。自然は帰ってこない。産業資本主義が切り裂いた最初の傷口が、今この時も疼いているのである。

風が冷たい。このベランダから見える夜景のずっと北の彼方、北関東の奥からそういう濁った夜想曲（ノクターン）が聞こえてくる。

太陽のない街 2008——復刻版に寄せて

○ 八二年後に

この小説は、一九二六年一月に起きた共同印刷小石川工場における七〇日間におよぶ大ストライキをモデルとしたものである。

それから八二年後の寒い冬の日曜日、この印刷工場の門を潜る一人の派遣労働者がいた。彼は、この工場の*号館*階のとある場所、人が下半身の穴から黄金色の聖なる遺物をひり出す場所で、こんな風に呟いていたという。

1 工場のトイレから

このトイレの北に向いた窓からは墓地が見える。アサガオ(小便器)の前で背伸びして外を覗いても、斜面を囲む雑木林しか目に入らない。五階まで届くナラやクヌギにタケの類いだ。夏はそれでも瑞々しく光を遮って涼風を運んでくるが、陽が陰り葉も落ちる秋冬は薄暗く詫びしい姿をさらしている。便座の中まで寒い風が吹き込んでくる。換気のよくないトイレは真冬でも窓を開けているからだ。ここはそういう谷底なんである。

どの棟のどの階に行っても、同じ方向を向いて同じような秘めたる場所がある。今日は朝九時前に工場の門を潜ると真っ暗になる二一時まで出られない休日出勤、一二時間もいると最低でも三回や四回は用を足すことになる。年齢と体調と膀胱のサイズにもよるが、正社員がほとんどいないから、何度行こうと「離席率」なんかクソ食らえだ。一日で何回、何分間ブースを離れたかを計算されるようになったのである。

「冗談じゃね〜」。タバコをやらない人間たちにとって、ホッとするのはここくらいなんだから。交通費は一銭も出ない。メシ時もギャラから引かれる派遣フリーターに「稼働率」や「離席率」なんてことがうるさくなってきたのはこの一年くらい。官庁の統計がどうだろうと、現場の実感としては頭数の五割を超えた非正規たちに縛りをかけるためである。オペレーターの女の子や校正者たちに一点一点の作業時間と成果を記録させて、一日の達成量や作業効率、ミスの頻度を比較するのは、すでに数年前からあちこちで始まっていた。ところが、一日の拘束時間から実作業時間総計を引いて、さらにそれを拘束時間で割ったパーセンテージを「離席率」と呼んで、ガタガタ言いはじめたのである。一秒でもムダなく働かせようってことだ。

その数字を見てレッドカード、つまり派遣停止の逆指名がくる現場が増えている。いつどこでも見張られていることを、オレたちは肌に焼印を押されたように感じている。今やこの「超科学的管理法」こそ正社員の皆さまの本業である。ウチワ片手に社内の世間話をがなる社員たちが、目の端でオレたちの一挙手一投足を覗いている。もっとも、この連中をもっと上から見る目玉がどこかにあるんだが。

それでも管理職のいない日曜、寒い日にはトイレ参りが多くなる。ところが何度も通っているうちに、体中が痒くなってきた。築六〇年の古い工場にある便所は鼻が曲がるほど臭い。膝が痛い和式と15Wの薄暗い蛍光灯が一本じゃあ、どう見たって読書には適さない。なのに、エグイ写真が満載の成人マンガ誌が床にゴロゴロ転がっているのである。詰まって糞便の沼になっていることもある。同じ構内で管理職や営業社員がいる棟に迷い込んだ派遣仲間が、全自動ウォッシュレットとダウンライト間接照明の広いサニタリーに呆れて帰ってきた。ここじゃあ壁の落書なんてとても披露できない。さぞ営繕課泣かせだろうよ。この前世紀の遺物的な工場には「営繕課」がまだ生き延びている。そういうわけで雑菌たちと共生するオレたちの天国なのである。

2　ドブ川と墓場の間で

八二年前の小説で描かれた通り、今もたしかに陽の当たらない谷底だった。

トイレの窓からずっと先、工場の裏手には墓石の連なりしか眼に入らない。その墓場をさらに五〇〇メートルも急坂を登ると、江戸からの古刹の境内を三つも越えて春日通りの尾根道に行きつく。光円寺と慈照院、そして善仁寺である。そういう谷筋から転げ落ちたどん底にこの工場は建っていた。

江戸明治の古地図を見ると、玉川上水から保谷の境橋で分かれた千川上水がさらに分流し、池袋の北を大きく迂回して、小石川台地と白山台地の間に流れ込む細い水路が辿れる。これが本郷を南下して、水戸藩上屋敷「後楽園」の池に行き着くのである。明治三〇年代に入って、小石川薬園（現・植物園）の崖下を過ぎる辺りは、岸辺の坂道にへばりつく弊屋や町工場から流れ込む排水でもう「ドブ川」と化していた。

徳永直が愛憎を込めて描き出したこの「千川ドブ」はとうにない。川がたびたび氾濫し汚物が流れていた淀みは、この争議後には埋め立てられて「千川通り」になっている。一九三四（昭和九）年頃のようだ。住民の憤懣（ふんまん）をかわしスラムを隠す衛生政策の一環だった。いま通ると、昼メシ時に賑わうでもなく、通りはひっそりとしている。左右には車の入れない路地と戸の閉まったままの小店、袋小路の無表情な町筋が続くだけだ。工場の門から右へ二車線の千川通りを後楽園方向に二〇分以上歩いても、目に入るのはそんな光景ばかり。『太陽のない街』の冒頭に現れるのは、備前坂を登った春日通りからこの谷底をはるかに見下ろした遠景である。

低地帯の霊気は、むしろカビ臭い工場群の裏から藪に覆われた墓場へと連なる暗闇に漂っている。それは冷気というより「霊気」といえる湿気と重さを含んだ濃厚な空気なのだ。真冬の長い夜勤に疲れ、ひっそりとした工場棟で仲間と二人だけの校正作業の中、ふと紙をたぐる音が途絶えると、その妖しい気流が窓から背中へ忍び寄ってくるのである。こういう仕事を一晩ともにする連中とはすぐに打ち解ける。生まれ育ちから前職や前歴、はては前科まで、空き時間を捻り出しては、暗い奥まった棟内のそこだけ明るい静けさに溶けて語るのである。

ところが今日の若いのは違う。引き込もりというか、自分からは口を開かない。会話も絶えてトイレに立つ。便器に跨り一息ついて、割増のない残業分を計算しながら明日の仕事を伝える事務所からの留守電を聞く。その尻が冷たくてたまらない。

3 『太陽のない街』と『浅草紅団』

川端康成の『浅草紅団』は『太陽のない街』に応答したアンサーソングである。といったら、文学通は首を傾げるかもしれない。

徳永直が『戦旗』誌で『太陽のない街』を連載した五回が終わり単行本になったのは一九二九年一一月。その翌月一二月一二日から、川端の作品は新聞掲載が始まっている。つまり路地の争議をめぐる顚末を見届けるようにして、遊興の町を彷徨う話は始まっているのである。

これは偶然だろうか。どうやら川端は徳永の連載を読んでいたらしいのである。小石川の谷底で展開される労働者たちの物語を読み継ぎながら、上野桜木町に住む作家が上野公園の裏から鶯谷の陸橋を渡り、隅田川に沿った色街筋を歩き回る。そして、その界隈にまつわる影のような女たちの行く末を思案する。そんな稀な時間が一八九九(明治三二)年生まれの三〇歳、徳永直とまったく同年の川端康成にあったと思う。実は、上野にあった川端の家から東の浅草雷門までと西の共同印刷小石川工場までは、ほぼ同じ距離なのである。続篇など「浅草紅団」連作を書き終えた後の一九三一（昭和六）年三月には、こんなことを書いている。

徳永直氏は幸福な作家であると思う。いろんな意味で幸福な作家であると思う。このように自分の欠点を楽々と生かしている作家はない。

（『近代生活』誌　昭和六年三月号）

「幸福」といい「欠点」といい、川端のこの言い方にはちょっと険がある。そう思って『浅草紅団』を細かく辿っていくと、『太陽のない街』のメッセージやイメージに対する密やかな返信のように読めてくるのである。そういう小説の構えが浮かび上がってくる。

例えば『太陽のない街』は女たちの小説である。これまでのプロレタリア文学の文脈でいえば、粗削りな「職工」たちの群れがこの物語の主人公には違いない。ところがよく耳を澄ますと、全編に流れる情感の基調音は高枝と加代の姉妹、そして病身の父という長屋住まいの家族の方から聞こえてくるのが分かる。その声は低く悲しい響きだが読む者の心を打つ。ことに長女、争議団婦人部の「不良少女の団長」と呼ばれる高枝こそヒロインなのである。一方の『浅草紅団』には、吉原に近い袋小地の奥に住む弓子らの女たちがいる。こちらも、この弓子姉妹の運命を独楽の軸として話はくるくると回っていくのである。

4　二つの絵巻物を重ねる

これら二つの小説を、別々の巻物でありながら一つながりの続き物でもあるような「物語絵巻」として、重ね合わせるようにして読み解いてみよう。

すると、それぞれの「下絵」として、工場争議団の女活動家たちと浅草紅団という不良少女グループ、二つの集団が対照的に塗り込まれているのが分かるだろう。その上に次々と絵物語が展開されていく。徳永の巻では、夜の秘密集会で堅物の女幹部とやりあう高枝の姿が大きく描かれ、張り込んだ私服が「度胸のいいアマ」と舌を巻く図柄がその下に置かれる。と思えば、しっかり者の姉高枝が父と諍う声と、千川にかかる橋の上で組合の若い活動家と逢い引きする妹の嘆きが左右に描き込まれるのである。

一方の川端の巻では、艶めいた吉原土手の路地裏に隠れた家でピアノを弾き、踊り娘のような服を着た断髪の弓子が高枝のコントラストとして浮き上がる。しかし、その後に現れるのは「プロレタリア文学」と「新感覚派」という教科書的な文学史の系譜などではない。テーマや立場の違いというより、むしろ「小説の時間」や「物語の地理」の争いが際立ってくる。徳永の闘争物語に対して川端の小説には起承転結の展開がない。というより巧妙に避けられている。文学史家はこれを「万華鏡」とか「ジャズのシンコペーションやヴァラエティの手法」（前田愛『都市空間のなかの文学』）という。たしかに、いくつもエピソードの束はとりとめもなく置かれ、何も完結にはいたらない。しまいには、ヒロインというより「狂言回し」に近い弓子の面影さえ掻き消えてしまうのである。だが、こうした「前衛性」はその後の歴史の中で限りなく薄れた。現在ではこの種の手法は映画や小説の中にいくらでも転がっている。だが発表当時は、千川沿い貧民窟のトンネル長屋からストライキに突き進む「黙示録的時間」に対して、「浅草田圃」と呼ばれた平らな隅田川左岸に縦横に広がる路地裏を彷徨う「無時間の迷路」が浮き立って見えたに違いない。

巻物を広げるにつれて現れる背景の図柄は、左側には小石川崖下に連なる暗色に染まった貧民街の軒並み。そして右側には、翳りつつある賑わいがかえって毒々しい浅草裏街の紅い灯が広がっている。そういう色合いの違う風景によって絵巻は彩られているのである。そして一方のクライマックスには、妹の無惨な死を見て一人秘かに経営者に対する報復へと向かう高枝の直進性が、悲しくも鮮やかに書き込まれている。片や、姉千代を大震災の最中に犯し、狂わせた男への捻れた遺恨を抱き続ける弓子のくぐもった曲折性という、それぞれに違いの際立った「情」の動きが現れるのである。

5 プロレタリア女と不良少女

こうした物語性の配置図には川端の意図を感じざるをえない。大正の関東大震災の後、プロレタリア運動が沸き立つモダン都市の勃興に、スペクタクルなミステリー映画の舞台装置を感じ取る「新感覚」というだけではない。一九二九年の東京を空間として見る、批評的で韜晦するような「地図の眼」が窺われるのである。印刷工叩き上げとしての徳永が帯びる「幸福と欠点」に対して、高等遊民としての川端が身につけてしまった「幸福と欠点」を突き出して、いわば『太陽のない街』に対する反歌にも似た続編を書こうとしたのではないだろうか。

実際に徳永は、小説の最後になって、谷底の街から背後の丘を越えたところにある繁華街白山の酒場に働きに出る女たちを描いているのである。つまり徳永が描いた高枝の裏側には川端が書いた弓子がいる。いや高枝の中には弓子がいて、弓子の中にも高枝がいる。夢野久作がいう「東京人の堕落時代」に立ち上がるモダン資本主義の裏側、その一方の極には高枝がいて、別の片隅には弓子がいる。その両方を刺し貫こうとする、まだ若い川端の気概が伝わってくるのである。それを「ヤマっけ」といってもいい。だから「大江戸をなつかしがっていることはない。私も諸君の前に――大正地震の後の区画整理で、新しく書き変えられた『昭和の地図』を拡げよう」と言うのである。さらには、

浅草の浮浪人が、食べ物屋の残り物をもらって生きていることを、諸君は知っている。けれども、細民や労働者が浮浪人のところへ、そのもらい集め――つまり残り物のまた残り物を、一飯二銭三銭で買いに来ることを知っているか。

とまで書く。ここには、父母を幼くして失い、共に暮

らした祖父も一四歳で亡くして孤児として育った川端が、地べたをうろつき回った頃の目つきが窺えるだろう。「浅草の浮浪人」たちの寄生性に対して、さらにその下に「細民や労働者」を見る視力が身に付いているのである。

「プロレタリア文学が夢想していた革命の設計図とはべつに、川端が垣間見た地下世界（アンダーワールド）の不逞な活力には、たいへん古風な世直しの幻想が託されていたかもしれない」（前掲書）と前田愛も似たことを論じていたのである。

前田愛の『都市空間のなかの文学』が書かれたのは、エズラ・ボーゲルの『ジャパン アズ ナンバーワン』が出されて三年目の一九八二年である。明治文学研究者の言葉は、『太陽のない街』の古風な形式性に対して『浅草紅団』のポストモダンにまで繋がる前衛性を指摘する近年の論調とは明らかに異なっている。その炯眼（けいがん）は両者を貫く「世直し」を見出し、しかも川端の方に「古風」を感じたことである。「地下世界の不逞な活力」とは、まるで大杉栄が語る言葉のように響くだろう。

一人の冷静な読み手でもある川端は、徳永が身をもって味わいながら、自分には決してはっきりとは見えない何かが徳永の小説の中に潜んでいることに気づいていたはずだ。マルクス主義の図式が隠してしまうものを自分が書く、と。これが今や古風ではない、むしろますます新しい「階級地理」なのである。

6　東京の手の甲

二つの小説を重ねると浮かび上がってくるのは、西の武蔵野から伸びた「大東京の手の甲」の強（こわ）ばりである。関東ローム層の赤土にめり込んだその巨大な指の骨が形造る深い谷間の光景なのである。

富士山の大噴火によって形づくられた武蔵野台地の広がり。中央山系から押し寄せた火山灰地が長い時を経て雨風に削り取られ、東へ向かって峠と谷を刻んでいるのが、戦後東京の中心部となった山手線内側の空間である。都内環状線の北端・王子から始まり、池袋、新宿へ、さらに渋谷から南端の品川へ伸びる線が、平らな台地と急坂の街を分ける境界線である。環状線の中にスッポリと入る都心一帯が尾根道と谷間の連続なのは、車で南北に縦断するとよく分かる。むしろ山手線は西と東の断崖に沿って敷かれたといった方がいい。その深い崖の斜面にへばりつくように、喰い詰めた者たちの群がる陋巷（ろうこう）が連なっていた。しかし、一九二九年のそこはもう横山源之助が三〇年前に訪ねた明治の廃民たちが朽ち果てる場所ではない。永井荷風や谷崎潤一郎が歩きながら描いた大正の憂いも薄れつつある。そこは大小の工場で働く者たちが身を寄せ合う「労働スラム街」なのである。

『太陽のない街』をはじめとするプロレタリア文学を、フィルム・ノワールのようなスペクタクル映像として捉える読み方が現れている。若い読者たちが感じる第一の魅力が千川沿いの街並みをめぐる坂や橋、そして行き止まりの路地で繰り広げられる闘争場面の描写にあることは間違いないだろう。その光景にはセピア色に染まったクラシック映画の懐かしさがたしかにある。実際に、ドブ川の淵で暮らす人々の姿は今いわれる庶民的な「下町」のイメージからはかけ離れている。そこは北海道や九州の炭鉱の町から戦後の釜ヶ崎や山谷に流れ込んでいった、あの激しい「剝き出しの生」が群がり集まった谷底に近いのである。

植物園がある白山の高台と、茗荷谷の丘の上にある高等師範学校の前庭。その間を繋ぐ橋の上で、摂政宮殿下（後の昭和天皇）は足を止める。そして案内する師範の校長に尋ねる。

「向こうの山と、此方の山との間に、谷がある訳だが……見たいものじゃ」（中略）

老校長は恐縮してしまった。（中略）思い切ったように、申しあげた。

以前は千川上水と申しまして、立派な渓谷の形態を保ち川も綺麗でありましたが、現在は田圃や、河ふちを埋めたてまして、工場も出来、町も四つ程出来まして、三、四万の町民が生活いたして居ります。

シルクハットが驚いた。

「ホウ？　あの森の間にですか、ホウ？」

——といった件が始まってすぐに出てくる。それから八二年後に、首都圏を中心に四〇階、五〇階、六〇階もある超高層マンション群が陸続と増え続けている。今その上層階のリヴィングルームでは、夕食後のひとときを窓際のソファーで寛ぎながら、こんな親子の会話が交わされているかもしれないのである。

「ねえママ、このマンションとあっちの高いタワーとの間のなんだか暗い所は一体どうなっているの？　見てみたい」

「そうねー。昔は小さなお店やアパートがたくさんあったけど、今では古いビルがいっぱいで、何十万、何百万っていう人たちがその中で暮らしているらしいのよ」

「ヘエー、あんな所にそんなにたくさん、へー」

7　高台と崖下

千川ドブを見下ろす春日通りの尾根道に沿って続く高台には、丸ノ内線茗荷谷駅裏の小日向に旧尾張藩主の徳川侯爵邸、旧会津藩松平子爵邸、そして最後の将軍徳川慶喜が隠居した屋敷が並んでいた。西へ向かって春日方向には、旧福井藩松平侯爵邸と三井の分家小石川家の広壮な邸宅が通りを挟んで建つ。

シルクハットの摂政宮殿下、つまり後の昭和天皇はこの標高二〇メートルを超える高所からはるかに下を覗き見ているのである。そこから備前坂を転げ落ちるような千川ドブを窺い、その向こうの高みにはまた小石川植物園と細川家分家の男爵邸が見えてくる。戦争での焼尽と戦後の売却を経て、跡地には現在すべて高級マンションが立ち並んだ。小石川植物園の東隣、つまり印刷工場の前に空を遮るように建っていた細川家分家の跡地は、日立製作所の迎賓館「白山閣」になっている。

これが高台の光景である。そして都内のあらゆる崖下には、一〇階に満たない中古マンションが築後三〇年、四〇年と老いさらばえていく。陽の当たらないその低層階、二階、三階、四階の賃貸ワンルームに移り住む人々がますます増加している。度重なる巨大な再開発、何度も何度も弾けるバブルの度ごとに、地域の細かな階層化が進み、建て替え不可能な老朽マンションの家賃がゆっくりと下降しているからである。

一人で住む派遣の女性がいる。リストラされ郊外の家を売り払った元サラリーマン家族が引っ越してくる。店を閉めた元自営業者の一家が家賃の安い場所に移ってくる。交通費のもらえないフリーターたちが家賃を滞納しながらシェアしている。飯場のように数人で住む中国人の店員たちが、都内に住まなければやっていけない様々なフリーランサーがそこにいる。膨大な数の人たちがそんな「谷底」の空間に住み始めているのである。その姿はまるで逃散する小作農民たちのように見えるのである。

彼らは法律上は扶養家族だったり、独立自営の「社長」だったりもするだろう。自己破産者や外国人登録対象者ももちろんいる。しかしそこが、超高層ビルという「山から山へ（太陽が）かくれんぼ」する谷間の長屋、労働スラムであることはもはや誰の目にも剥き出しになった。

ドブ川もなければ、橋も坂も、路地も古寺もない。昨日、隣で同じ作業をした人間の顔も覚えていない。それでも、このどこまでも続いていく低層空間の拡がりこそが、二一世紀の「太陽のない街」なのである。国境を超えた残酷なエンクロージャー（中世末期に起きた富や資源や空間の囲い込み運動）が、この瞬間にもこうした「高台と崖下」を造り出しているのである。

徳永直の『太陽のない街』と川端康成の『浅草紅団』を一つながりの絵巻物として読む。そこで培われた視力が「崖下」で蠢いているものを見抜くだろう。

本書のⅠは『GRAPHICATION（グラフィケーション）』（二〇〇五年五月～二〇一〇年九月、一三八号～一七〇号）に連載された「ぐにゃり東京」、Ⅱはそれぞれ『現代思想』（二〇〇六年二月臨時増刊号）、『太陽のない街』（徳永直、金曜日、二〇〇八年）に掲載された「北関東ノクターン」、「解説　二一世紀の『太陽のない街』へ」を加筆改稿したものです。

平井 玄（ひらい・げん）

1952年、新宿2丁目生まれ。批評家・エッセイスト。

音楽・思想・社会等幅広い領域を独自の視覚で論じる。早稲田大学文学部抹籍。早稲田大学文学部非常勤講師を経て、東京藝術大学の非常勤講師等を務めた。

80年代からジャズを中心とする音楽の批評やプロデュースをはじめ、映画『山谷 やられたらやりかえせ』やパレスチナ音楽の紹介、フリーター運動など、様々な社会運動に携わる。現在も新宿に在住。

著書に『ミッキーマウスのプロレタリア宣言』（太田出版）、『千のムジカ』（青土社）、『愛と憎しみの新宿』（ちくま新書）、『彗星的思考』（平凡社）など。

ぐにゃり東京（とうきょう）
アンダークラスの漂流地図（ひょうりゅうちず）

2015年8月31日　第1版第1刷発行
2016年4月25日　第1版第2刷発行

著　者　平井 玄
発行者　菊地泰博
発行所　株式会社 現代書館
〒102-0072 東京都千代田区飯田橋3-2-5
電話 03-3221-1321　FAX 03-3262-5906　振替 00120-3-83725
http://www.gendaishokan.co.jp/
組　版　具羅夢
印刷所　平河工業社（本文）／東光印刷所（カバー）
製本所　越後堂製本
装　幀　伊藤滋章

校正協力・電算印刷